편역 事大文軌 7

동북아역사 자료총서 53

동북아역사재단
NORTHEAST ASIAN HISTORY FOUNDATION

• 이 책은 2021년도 동북아역사재단 기획연구 수행 결과물임(NAHF-2021-기획연구-20).

서문 및 해제

이번에 출간된 《편역 『事大文軌』 7》(이하 『事大文軌』 권22)은 동북아역사재단 기획연구 『事大文軌』 역주 시리즈의 결과물이다. 총 60건의 외교문서로 구성된 『事大文軌』 권22는 음력으로 1597년 7월 초순부터 9월 초순까지 정유재란 발발 직후 조선과 명이 주고받은 외교문서를 수록하고 있다. 권8 · 권12 · 권17 · 권19 · 권20에서는 일본군의 재침에 대비해 조선과 명이 취한 공동 협력의 방식과 내용을 담았다면 이번 권22에서는 정유재란 발발 직후 일본군의 대규모 공세 속에서 양국 협력의 민낯이 어떻게 드러났고 어떻게 외교적으로 포장되었는지를 보여주는, 즉 조명 협력의 실제적 작동을 생생하게 전달하는 현장 보고서라고 할 것이다.

권22에서 나타나는 조선과 명의 협력은 군사 분야와 외교 분야로 대별된다. 군사 분야의 경우, 전체 60건의 문서 중 41건(68%)를 차지하며 파견 명군의 군량 지원, 공동 군사 훈련, 자체 전력 강화, 전투 수행으로 나누어 볼 수 있다. 외교 분야의 경우, 19건(32%)이 해당되며 조선의 사신단 파견과 심유경 압송 관련 조치 사항으로 나누어 볼 수 있다.

먼저, 군사 협력과 관련해서 파견 명군의 군량 지원 문제는 재침 발발 이전부터 양국 간 핵심 의제였다. 명군은 칠천량 해전이 벌어지기 며칠 전에 자문을 보내 9월까지 파견 병력이 조선에 들어갈 것으로 예상하고 이때까지 조선에서 군량과 마초를 준비할 것을 요청했다. 이전과 달리 조선 내 원거리에 위치한 명군에 대한 군량 지원 시 운송을 담당하는 현지 조선인들에게 할당량의 일부를 감면해 주는 방책, 조선군의 군량 수급에 있어 기존의 자급제를 지양하고 명군과 같이 지원받는 방식, 매관과 면죄의 유연한 운용을 통한 납속 확대로 군량 조달의 효율성을 제고하는 방안 등을 제시했다. 특히, 자급제를 대체하는 급양제의 시행을 통해 조선군의 병력 수급이 안정된다면 이를 기반으로 명군 1만 명의 감축 효과를 거둘 것으로 예상했다.

그리고 칠천량 해전이 발생한 지 약 한 달이 지난 시점에서 명군은 자국에서 해운을 통해 운반한 군량이 강화도에 적재된 사실을 조선에 통지했다. 그러면서 명 육군에 보급할 경우 조선 내륙에서 어떤 육로나 수로를 이용해야 할지 그리고 명 수군의 군량 지원에 대한 조선의 준비 상황을 문의했다. 또한, 명군은 조선군이 위장술과 정탐전을 펼쳐 적군이 내지로 침투하는 것을 최대한 차단할 것을 요청했다. 자국으로부터의 군량 운송과 수확기를 앞둔 조선의 군량 공급에 차질이 없도록 하기 위한 것이었다.

조선 조정은 9월 이전까지 명군의 진격로와 주둔지에 군량이 공급될 수 있도록 준비를 마쳤음을 확인하면서, 급양제의 경우 경상도 방어군에서 일부 시행 중이지만, 전면적인 시행은 가용 병력 증가와 훈련 기간 연장으로 인해 현실적으로 어렵다며 명군의 1만 병력 감축 방안에 반대 의견을 천명했다. 매관을 통한 납속분 추가 확보에 대해서는, 이미 실직(實職) 제수를 광범위하게 시행했으나 전쟁 중의 피폐한 상황으로 인해 지원자가 늘지 않아 납속량이 일정 수준을 넘지 못한 현실을 지적했다. 면죄의 경우는 대부분의 납속 대상자가 단순 범죄자이기 때문에 안정적인 납속 수행이 녹록지 않은 점도 언급했다. 그 대신에 충청도·전라도·경기도·황해도에서 납속용으로 거둬들인 쌀과 콩의 수량을 명기하고 15개 대참(大站)에 비축한 사실을 명군과 공유했다. 특히, 충청도와 전라도에 주둔한 명군 지원을 위해 각각 충주·공주 그리고 전주·남원에 저장했음을 재확인하면서 올해 작황 악화로 추가 납속분 마련은 불가능한 사실도 명시했다.

강화도에 집적된 명 육군의 군량과 관련해서 조선 조정은 육상 운송에 필요한 도로와 하천, 비축 장소에 대한 정보를 비교적 상세히 공유했다. 이와 함께 칠천량 해전과 남원성 함락으로 일본군이 육로와 해로로 진입한 상황을 감안해서 고정된 보급로보다는 육상과 해상 모두와 연결되는 강화도의 지리적 이점을 활용해 이 섬에서 직접 내륙의 명군 이동 경로와 주둔지로 운송하는 방안을 명군에 제시했다. 또한 평안도에서 마련한 조선의 군량을 강화도로 옮겨 명군 군량과 함께 운송하는 계획도 제안했다. 앞으로 도착할 명 수군의 군량에 대해서는 연안 해로를 통해 지원할 계획을 공유했다. 여기서 조선 조정은 명군을 위한 군량 지원에 최선을 다하면서도, 방어 병력의 부족으로 인해 조선군 단독으로 일본군을 막기 어려운 상황을 복기하며, 명군의 신속한 증파 요청도 잊지 않았다.

둘째로, 정유재란 발발 이후 명군은 조선군의 군사 훈련에 더욱 신경을 썼다. 칠천량 해전이 벌어진 지 약 6일 만에 각 도의 조선군 50명씩을 차출해 오유충 부대로 보내 군사 훈련을 받도록 하고, 이들이 복귀한 뒤 각 지역에서 동일한 훈련을 숙달시키도록 주문했다. 이는 조선군이 명군의 진법과 전투 체계를 익혀 합동 작전이 원활하게 진행될 수 있도록 한 조치였다. 한편, 3~4만 명으로 추산된 수륙 병력 동원이 어려울 수 있어 실제 파견 병력이 1~2만에 그칠 것이라 입장을 제시하며 추가 명군 배치가 완료될 때까지 조선군이 최전방 방어선을 계속 방어할 것을 강조했다.

이에 대해 조선 조정은 평안도·함경도·강원도의 경우 오유충 부대와 거리가 멀어 제외하고 최전방을 담당하는 경상도도 제외하되, 충청도·전라도·황해도 및 경성(京城)에서 50명씩을 차출해 군사 훈련에 참여시킬 계획임을 알렸다. 이처럼 전국 8도 중 4도에서만 합동 작전 수행을 위한 군사 훈련에 참여하겠다는 방침을 밝히면서 나머지 4도의 파견 불가 이유를 함께 명기했다. 명군의 군사 훈련 방식을 일방적이고 일률적이기보다는 점진적이고 단계적으로 수용해 시행하고자 하는 신중한 대응 방식을 엿볼 수 있다. 또한, 앞서 언급한 납속분 확보에서 4도에서 추가로 모은 곡식을 저축한 상황과 기타 지역의 어려움 및 전체적인 작황 불량의 이유를 함께 기술함으로써, 군사 훈련 참여에 대한 요청과 마찬가지로 가능한 것과 불가능한 것을 명확히 구분했다.

실제로 조선 조정은 명군과의 합동 작전에만 의존하지 않았다. 새로 편성한 속오군과 궁수 부대를 중심으로, 대규모 일본군을 상대하기 위해 화기 사용이 필수적임을 인식하고 명에 화기 지원을 요청했다. 명군의 조선군 가용 병력 활용과 조선군 자체 화력 강화를 동시에 만족시킬 수 있는 해법이었다는 점에서 합리적인 제안이었다고 할 것이다. 화기 요청 문서 작성 후 약 10일 만에 이 사안과 관련한 사은표를 작성한 사실은 명 조정의 신속한 승인이 있었음을 짐작할 수 있다. 또한, 조선군 훈련 차출 요청에 대한 명의 자문이 작성되기 8일 전에 화기 요청 문서가 작성된 사실은 자체 전력 강화를 목표로 한 조선 조정의 선제적 대응을 잘 보여준다.

육상의 남원성 전투와 해상의 칠천량 전투로 본격화된 일본군의 재침은 전라도로 진격해 서해 진입로를 확보할 수 있었다는 점에서 이전과 구별되는 공세 양상을 보였다. 명군 역시 조선으로부터 수년간 일본군의 전라도 공세 가능성에 대한 정보를 얻으면서 재침 이전부터 해방(海防)을 대비했다는 점도 특기할 만하다. 칠천량 해전 직전, 명군은 조선에 절강·복건·광동에서 동원할 수군의 전함 부족 문제를 공유하며, 40~50척 또는 70~80척을 대신 건조할 것을 요청했다. 전투 이후 약 한 달이 지나 명 수군이 조선 해역에 배치될 즈음에는 조선 수군의 보충 병력, 선척 수, 이순신 장군과 조선 수군의 주둔지, 절강병 주둔 예정지, 명 수군을 위한 군량 지원, 명 수군 방어를 위한 조선군의 방어지, 전반적인 방비 상황 등 조선 수군의 현황에 대해서도 총체적으로 문의했다.

조선 조정은 칠천량 해전에서 한산도의 조선 수군이 패배하고 12척만이 온존한 상황을 총독·경리·총병부·안찰사에 각각 급보로 전하면서 사태의 심각성을 부각시켰고, 예정된 명 수군 3천 병력의 조속한 배치 및 추가 병력을 요청하면서 합동 작전으로 섬멸할 것을 주장했다. 명 수군의 주둔지로 순천과 해남을 제안하고 조선 수군이 명 수군의 군량을 마련하고 있음을 알렸다. 그러나 군사 지원 요청에만 머무르지 않고 이순신이 총사령관으로 복귀해 신임 전라우도수군절도사 김억추와 신임 충청도수군절도사 권준을 거느리고 30척의 전함을 확보하는 등 조선 수군의 재건에 총력을 다하고 있다는 사실도 공유했다. 무엇보다도, 조선 수군의 전력 증강을 위한 부단한 노력을 설명하는 과정에서 조선군의 전함을 확보하는 것조차 녹록지 않은 상황을 설득력 있게 전달함으로써 명의 전함 건조 요청을 받아들이지 않았다.

육상 전투 가운데 양국 간 군사 공조의 핵심은 남원성 전투였다. 총병 마귀는 남원성이 함락되고 나흘 뒤에 보낸 자문에서 부총병 양원이 고립무원 상태로 일본군에게 포위된 상황에 주목하면서 유격 진우충과 부총병 오유충의 명군이 각각 담당 지역에서 일본군과 대치한 까닭에 남원까지 가서 구원하기가 매우 어려웠다고 단정했다. 대조적으로 남원의 조선 군민은 일본군이 오기 전부터 전주로 도피했고 이원익과 권율 휘하의 조선군은 병력을 동원해 남원성을 지원할 수 있었음에도 수수방관했다고 질책했다. 남원성 방어의 총지휘관 양원의 소재, 방어전에 참가한 명군의 피해 등에 대해서는 일절 언급하지 않고 주변의 명군에 의한 지원이 불가능할 수밖에 없었음을 합리화하면서 조선의 책임을 논한 것이다. 이와 더불어 경리 양호는 남원성 함락 이후 전라도 방어를 위한 명군 병력의 추가 배치에 대한 조선의 요청에 대해 부총병 이방춘을 조선국왕의 군사 고문으로 파견하는 데 그쳤다.

이에 대해 조선 조정은 일본군이 언제 어떻게 남원성을 침공했는가를 되짚고 다음으로 이에 대한 명군과 조선군의 대응을 기술한 뒤 마지막으로 자국의 대응에 있어 한계나 문제점을 언급했다. '사실 확인–사안 분석–문제점 평가'라는 3단계 방식으로 이 사안을 다루며 책임 소재에 대응했다. 그렇다면, 첫 단계인 사실 확인은 어떠했을까? 조선 조정은 앞서 마귀가 일본군의 공격 시점을 14일로 밝힌 것과는 달리 남원성 전투의 배경으로 8월 초순부터 낙동강을 따라 경상우도와 경상좌도에서 일본군이 대규모로 동시다발적 공세를 취하면서 전라도로 진공한 사실을 짚었다. 일본군이 경상도에 대한 대대적인 포문을 열고 나서 불과 며칠도 안 된 8월 7일에 구례에 진입했고, 이틀 뒤인 9일에 남원성 주변의 방성원에 도착했으며 그 사흘 뒤인 12일부터 동문과 남문을 시작으로 같은 날 사면을 모두 포위해 16일에 함락시켰음을 일련의 현장 보고를 통해 확인했다. 명군이 주장한 14일 침입에 대한 오류를 일별로 열거해 바로잡았을 뿐만 아니라 일본군이 경상도를 공격하고 나서 약 15일 만에 남원성을 공격했고 포위한 지 나흘 만에 점령한 전체 과정을 정리했다.

이런 과정을 통해 조선 조정은 일본군이 경상도 침공을 시작으로 남원성 공격을 약 보름 남짓한 빠른 기간에 성공시켰다는 사실을 명군에 밝혔다. 그리고 일본군의 공격이 경상도와 전라도를 동시적으로 공격한 사실에 덧붙여 대규모 병력으로 성 주위 30리까지 철저히 봉쇄해 조명 연합군의 외응(外應) 시도를 저지한 사실도 빠트리지 않았다. 이는 남원성 공격이 경상도와 전라도에 대한 동시 공세의 산물이며, 속도전과 원천 봉쇄라는 이중 전술을 구사한 점에서 일본군 재침의 칼날이 이전보다 더 주도면밀했음을 보여준다.

거꾸로 경상도와 전라도에 대한 동시 공격과 남원성에 대한 원천 봉쇄 작전에 대한 조망은 당시 조선군의 방어 실태를 이해하는 데 있어 매우 중요한 맥락을 제공한다. 조선 조정에 따르면, 만약 경상도 조선군이 낙동강 동서와 남북으로 주요 전략 지점들을 점거해 교두보를 마련하고 있는 일본군에 대한 방어와 견제를 소홀히 하면서 남원성 방어에만 집중했다면, 경상도 방어선이 빠르게 무너졌을 가능성이 컸다. 이럴 경우, 경성은 5~7일 이내로 일본군의 공격을 받았을 것이고 전황은 남원성 구원 차원을 넘어서는 심각한 수준으로 전개될 가능성을 무시할 수 없었다. 이러한 주장은 경상도 조선군이 각자의 방어지에서 일본군의 북상을 막아야만 하는 당위성을 지역 방위를 뛰어넘어 수도 방위의 차원으로 끌어올림으로써 남원성 지원에 동원될 수 없는 상황 논리를 공고히 구축해 조선 책임론을 반박하는 데 일조한 것으로 볼 수 있다.

위와 같이 조선 조정이 파악한 일본군의 새로운 공세 양상, 즉 남원성－전라도－과 경성을 동시에 방어하기 힘들도록 2개의 전선을 동시에 구축한 양면 전술은 조선군이 어떻게 남원성 방어전을 수행해야만 했는가에 대한 중요한 배경 설명이 됐다. 조선은 전라도 병력을 동원해서 남원성 방어를 지원해야만 했고 이 과정에서 전라도병마절도사 이복남, 방어사 오응태, 양원의 호종 대신 정기원을 필두로 남원성에 주둔한 조선군 최고위 지휘관 전원이 전사한 사실을 몇 차례에 걸쳐 명군에 확인했다. 특히, 전라도 전체의 병권을 맡은 이복남의 경우, 일본군이 남원성을 겹겹이 에워쌌음에도 불구하고 그 포위망을 뚫고 성안으로 들어가 수성전을 벌이다가 전사한 사실은 명군의 조선 책임론을 반박하는 또 다른 근거를 제공했다.

그렇다면, 당시 명군의 대응에 대한 조선의 평가는 어떠했을까? 마귀의 자문에 담긴 조선 책임론의 주요 근거 중 하나가 오유충 부대와 진우충 부대가 담당 지역의 대일 방어에 전념해야 했기에 남원성으로의 이동이 불가했다는 전선의 현실이었다. 이와 관련해서, 조선 조정은 경상도에 주둔한 오유충 부대에 대해서는 아무런 언급이 없었지만, 남원성 이북의 전주와 공주 인근에서 방어선을 구축한 진우충 부대에 대해서는 남원성 구원에 참여하지 않은 것 자체를 문제화하지는 않았더라도 몇 가지의 특이점을 지목했다. 남원성 함락 이후 전주와 공주가 핵심 요충지임에도 불구하고 진우충 부대의 경우, 함락 이전에는 금강 이북에 주둔하다가 남원성이 함락되자 오히려 더 북쪽의 천안으로 이동한 사실을 지적하며 우려를 표했다. 천안으로의 철수로 인해서 금강 주변의 전라도와 충청도 지역은 물론이고 경기도까지 일본군의 사정권에 들어가게 될 수 있는 위기 상황이 연출될 수도 있었기 때문이었다. 이에 대한 대책의 일환으로 조선 조정은 진우충 부대를 포함해 인근의 명군 부대들이 공주 방어에 집중할 것을 요청하면서 필요한 군량 지원에 최선을 다할 것을 약속했다.

조선 조정이 책임 소재와 관련해서 문제 삼은 또 하나의 사안은 양원의 탈출이었다. 조선 조정의 남원성 함락 설명에 있어 주요 서사인 대규모 일본군의 파상 공세와 원천 봉쇄 속 고립무원에 빠진 위태로운 상황은 남원성이 나흘 만에 함락될 수밖에 없는 이유를 합리화하고 양원의 분투를 부각시켜 그의 책임 소재를 희석화시킬 수 있었다. 그렇지만 두터운 일본군의 포위망을 헤치고 성 밖으로 나간 양원의 처신은 똑같은 처지에서 성안으로 들어와 전사한 이복남의 결단과 뚜렷이 대조를 보였다. 비록 조선 조정이 남원성 함락의 근본 이유로 약한 조선군의 전력 문제를 거론하기는 했지만, 당시 남원성 방어의 총책임이 분명히 양원에게 있었기 때문에, 그의 탈출은 패전 책임으로부터 자유로울 수만은 없었다. 조선 조정은 충청도 은진에 피신해 머무르는 양원에게 위로와 감사의 예물을 보냄으로써 한편으로는 그의 분전을 재확인하면서도 다른 한편으로는 그의 탈출을 공식화했다.

이에 덧붙여 조선 조정은 일본군의 북진을 막기 위해서 명군에게 한강 이남으로 병력을 증강하는 현실적인 대책도 주문했다. 대병력으로 침공해 들어오는 일본군을 막기 위해서 추가 병력의 투입이 절실하고 이를 위해서는 금강 이남과 이북의 방어를 담당하는 명군 부대들 이외에 더 많은 명군의 전선 배치가 절실하다고 판단했기 때문이다. 이를 근거로 조선 조정은 양호 직속의 팽우덕 부대를 남진시키거나 벽제관 전투에서 명성을 떨친 요동의 이여매 부대를 즉각 소집하여 전라도 방어를 강화할 것을 요청했다. 이여매 부대의 투입 가능성을 타진한 것은 일본군과의 전투 경험을 바탕으로 구체적 전과(戰果)를 열거함으로써 설득력을 갖출 수 있었다.

한편 칠천량 해전과 남원성 전투를 시작으로 일본군의 재침이 해상과 육상에서 동시적으로 전개되자 조명 연합군은 경성과 그 주변 지역 방어에 대해서도 민첩하게 반응하지 않을 수 없었다. 먼저, 칠천량 해전으로 일본군의 서해안 진입이 가시화되자 명군은 해전 이후 약 한 달이 채 못된 시점에서 강화도 방어에 주목했다. 경리 양호는 명나라의 해운 군량이 쌓여있는 강화도의 중요성을 인식하고 조선 조정에 성곽의 신축, 방어 병력의 증강, 화기의 추가 배치, 병선의 확보, 인근 지역에 대한 정탐 활동의 개시 등을 주문했다. 서해안 방어와 관련해서 명군 지휘부가 주도적으로 대처하려는 노력을 잘 보여주는 사례라고 할 것이다.

덧붙여 경리 양호는 남원성 함락 이후 약 6일이 지나 선조에게 경성을 떠나지 말고 인심을 안정시키며 대일 방어에 총력을 다할 것을 권유하는 자문을 보냈다. 만약 남원성 함락을 시작으로 수도인 경성이 또다시 일본군의 공격을 받는 상황으로까지 간다면 명군으로서는 더 많은 병력을 추가로 조선에 투입해야 하는 문제에 봉착할 수도 있었다. 따라서 양호는 현재 조선에 있는 자국 부대의 군사력 사용에 있어 최대한 현상 유지를 통해 일본군의 재침을 막을 수 있는 대책이 필요했다. 선조의 투지력과 리더십을 언급하며 부총병 이방춘을 군사고문으로 파견한다고 알렸다.

이에 대해서, 조선 조정은 강화도가 한강의 요충지로서 경성의 안보에 매우 중요한 지역이기에 방어와 경계를 강화하여 일본군의 침입을 철저히 저지할 것을 다짐했다. 또한, 남원성에서 조선군 지휘관들이 몰사하면서까지 분전한 사실을 재확인하며 앞으로도 단호한 임전자세로 대일 방어를 수행하겠다는 의지를 다졌다. 남원성 함락 소식을 듣고 피난 가려는 백성들을 귀환시켜 민심을 안정시킨 사실 또한 덧붙여 기술했다. 동시에, 총병 마귀가 경성에 주둔하고 있는 만큼, 조선 조정은 명군과 함께 대일 방어전에서 물러서지 않을 것임을 천명했다.

한편, 급박한 전황 속에서도 조선은 의전과 현안을 조화롭게 처리하며 명과의 외교 관계를 잘 유지했다. 권22 속 관련 문서들을 통해 이러한 협력의 구체적인 사례를 확인할 수 있다. 6월 19일에 발생한 명 궁궐의 화재 소식을 7월 14일에 접한 조선 조정은 진위사를 파견해 명 조정에 깊은 애도의 뜻을 전했다. 진위사 관련 문서는 공식 작성일이 7월 27일로 명기돼 있는데, 이는 7월 초순부터 중순까지 최전방에서 수집된 첩보들을 중심으로 일본군의 대규모 재침 정황을 정리해 명에 통지하는 주본을 작성한 지 사흘 만이었다. 의례에 관한 문서와 전쟁의 당면 사안을 다루는 문서가 거의 동일한 시기에 보내진 것이다.

칠천량 해전에서 패한 후 약 일주일 만에 조선이 명나라로부터 화기 구매 승인에 대한 사은표를 작성한 사실을 통해서도, 양국 간 대일 군사 협력이 상당히 신속하고 긴밀하게 전개됐음을 알 수 있다. 더욱이 사은 표문 작성일이 하반기의 동지 표문 작성일과 동일하고 동지 표문과 사은 표문이 함께 동봉되었다는 사실은 양국의 정례적 친선 관계와 신속한 군사 협력의 유기적 결합을 상징적으로 보여준다.

명 궁궐 화재라는 예상치 못한 뜻밖의 사고와 맞닥뜨려서 위로문과 위로품을 전달하며 배려하는 자세와 또 다른 혹독한 전란이 일어나는 첫 겨울임에도 동지 사절이라는 관례적인 절차를 준수하며 명과의 유대를 공고히 하려는 태도는 전쟁통에도 조선의 대명 외교 전선이 매우 기민하게 움직이고 있었음을 보여준다. 참고로, 『권20』의 5월 성절사 파견을 기준으로 볼 때, 약 석 달이 조금 안 된 시점에서 진위사를 파견했고 이후 석 달이 조금 지나 동지사를 파견하며 양국 간의 흔들림 없는 결속력을 과시했다. 이와 같이 일본군의 대규모 재침으로 인해 국운이 흔들리는 상황에서도 지속 가능한 방식의 외교를 통해 명과의 신뢰를 유지하며 국가 생존이라는 궁극 목표를 달성하려는 조선의 강력한 의지를 엿볼 수 있다. 대명 외교에서 의례가 단순한 사대주의의 발현이 아니라 오히려 국가 안위를 보장하고 외교적 신뢰를 구축하기 위한 전략 자산으로 활용됐음을 시사한다.

한편, 명군은 심유경 압송과 관련한 후속 조치를 담은 문서를 조선에 보냈다. 일본군의 재침은 강화 교섭 실패의 결과였고 궁극적으로 명이 주도하는 종전(終戰) 해법이 부정된, 즉 명의 외교에 오점을 남긴 사건이었다. 양호는 형개의 지시에 따라 심유경 및 직간접으로 연관된 자국인들에 대한 복귀를 결정한 사실을 조선과 공유하면서 심유경의 수종과 심부름꾼을 포함해 부대와 파발의 군역 이외의 자국인들에 대한 전수 조사를 통해 전원 환송시킬 것을 요청했다.

조선은 명군이 요청한 모든 사항을 그대로 시행했음을 확인하면서, 동시에 1593년 이후 조선에 주둔한 명군 중 질병 등으로 인해 복귀하지 못했거나 탈영해 국내에 잔류한 명군을 샅샅이 조사해 송환하는 조치도 단행했음을 명에 통고했다. 명군이 공식적으로 요청하기 전부터 명의 관리 소홀로 인해 조선에 불법 거주하는 명군을 색출해 일체 소환시킨 것이다. 심유경 압송을 계기로, 명은 군사 협력과 무관한 자국민의 조선 체류를 철저히 조사해 조선과의 외교적 갈등을 최소화하려 했고, 조선은 자국 내 명군과 명의 민간인을 엄격히 통제하고자 했다. 이러한 정책은 군사·외교 영역을 중심으로 협력을 전개한 양국 관계의 실상을 보다 충실하게 보여준다.

다음은 『事大文軌』 권22 수록 문서의 연번에 따라 각 문서에 대한 해제를 붙인 것이다.

사대문궤 권22 (『壬辰倭亂 史料叢書 1~8 對明外交』 영인본 3책 147~296쪽)

1. **楊經理及時徵稅**(1a-2b)

   흠차경리조선군무도찰원우첨도어사(欽差經理朝鮮軍務都察院右僉都御史) 양호가 조선국왕 선조에게 긴급히 처리해야 할 두 가지 사안을 알리며 보낸 자문이다. 첫째, 명이 추가 병력을 투입하고 군량을 요동 연안을 따라 운반할 예정임을 통보하면서, 조선에 대해 겨울이 오기 전인 9월까지 군량과 마초를 제때 공급할 것을 요구했다. 이와 관련해 주둔 명군에 대한 원거리 군량 운송 부담을 줄이는 방안으로 해당 지역민들의 할당량 감면을 제안했다. 둘째로, 조선군의 군량 수급 방식을 명군과 같은 급양제 형태로 전환해서 병력을 안정적으로 확보하고 훈련 동원에 지장이 없도록 한다면 명군 1만 명을 감축하는 효과를 거둘 수 있을 것으로 예상했다.

2. **回咨**(2b-3b)

   양호의 자문에 대한 조선국왕 선조의 회답 자문이다. 명군 행군로 및 주둔지로의 원활한 군량 공급과 관련하여 9월까지 준비를 마치도록 이미 조치했음을 확인하는 내용이다. 그러나 급양제를 통한 군사 훈련의 효과적인 추진에 대해서는 현재 경상도 지역에서 부분적으로 급양제를 시행 중이기는 하지만 전쟁으로 인해 곡식 부족 문제가 심각하고 적의 재침이 임박했기에 갑작스럽게 새로운 제도를 전면 도입하는 것은 현실적으로 어렵다는 병조의 장계를 인용하면서 양호의 제안에 대해 난색을 표했다.

3. 蕭按察酌定鍰贖事規(4a-6a)

흠차경리조선감군안찰사(欽差經理朝鮮監軍按察使) 소응궁이 조선국왕 선조에게 보낸 자문이다. 소응궁은 양호의 지시에 따라 조선에서 비축한 군량 부족의 문제를 해결하기 위해 곡식을 받고 관직을 임명하거나 죄를 감해 줌으로써 납속량을 늘리는 방안을 제시하면서 실행화 계획을 담은 책자의 작성을 요청했다.

4. 回咨(6a-8a)

조선국왕 선조가 감군 소응궁에게 회답한 자문이다. 이미 시행 중인 매관과 면죄의 납속책 추진 현황을 설명하며 추가적인 곡식 확보의 어려움을 알렸다. 매관의 경우, 실직으로 제수된 자가 많아졌고 전쟁으로 인해 농작물 생산이 크게 감소해 납속량이 명군의 기대 목표치에 미치지 못하는 실정이었다. 면죄의 경우, 주로 단순 범죄자들이 대상이 돼 실질적인 납속 효과를 거두기 어려웠다. 이러한 어려움에도 불구하고, 이조·호조·병조·형조의 네 중앙 부서가 협력해 직급 제수와 면죄·면역을 통한 납속량 확대에 대한 책자를 작성했음을 확인했다. 조선이 명의 요구를 무조건 수용하거나 반대하는 것이 아니라, 실행 가능한 부분과 불가능한 부분을 명확히 구분해서 자국의 입장을 효과적으로 전달한 사례로 볼 수 있다.

5. 蕭按察教演武藝(8a-8b)

감군 소응궁이 조선국왕 선조에게 보낸 자문이다. 각 도에서 50명의 정예병을 선발해서 부총병 오유충의 진영으로 보내 군사 훈련을 받도록 하고 이들이 훈련을 마친 후 소속지로 돌아가 다른 조선 군사에게 교련 내용을 전수함으로써 향후 적의 재침에 대비하는 방안을 제시했다.

6. 回咨(8b-9b)

조선국왕 선조가 감군 소응궁에게 회신한 자문이다. 먼저, 평안도·함경도·강원도는 거리가 멀어 이동이 어렵고 경상도는 최전선에 위치해 군사 훈련에서 제외해야 하는 사정을 전했다. 대신, 황해도·충청도·전라도 및 경성에서 각 50명을 선발해 부총병 오유충의 진영으로 파견해 군사 훈련을 받은 후 복귀해서 해당 지역의 모든 부대에 그 내용을 전수할 계획임을 알렸다. 조선은 이전 총독 손광의 요청으로 이미 100명의 명나라 교관이 군사 훈련을 진행한 경험을 환기하며 조선군이 이미 명군 전술을 습득해 왔음을 에둘러 언급했다. 이런 맥락 속에서 명의 요청에 따라 차출 가능한 지역을 명확히 제시하며 선택적으로 협조할 의사를 밝혔다.

7. 賊情奏文(9b-13a)

조선국왕 선조가 명 만력제에게 보낸 주본(奏本)이다. 남부 지방의 대일 방어를 책임진 도체찰사 이원익, 도원수 권율, 경상도관찰사 이용순 등 지휘부로부터 입수한 첩보에 따르면, 6월부터 7월 중순까지 일본군은 나고야와 쓰시마에서 부산 일대로 5백 척에서 천 척에 이르는 전함을 동원하거나 병력을 수송했다. 조선군은 재침의 예상 경로, 첩자 파견, 전라도 공세, 일부 적군 병력의 이동 등 대규모 재침공의 임박과 관련된 다양한 정보도 입수했다. 반면, 조선에 주둔 중인 명군의 병력이 2만 명에 미치지 못하며 조선에서 지원하는 군량도 이미 삼 분의 일을 소모해 최전방의 급박한 정세에 제대로 대응하기 어려운 상황을 진술했다. 이처럼 전선의 실제 상황에 대한 최신 정보를 공유하고 명 육군과 수군의 신속한 전선 배치와 함께 이들에게 지급할 군량 수송의 필요성을 강조하면서 명의 적극적인 공조를 요청했다.

8. 具咨經理(13b-14a)

조선국왕 선조가 경리 양호에게 보내는 자문이다. 전쟁이 재발하기 약 한 달 전, 양호는 조선에서 작성한 주본과 자문에 대해 자신의 검토를 거칠 것을 원칙으로 하되 송달 시에는 인편을 통하거나 허가증을 받아 조선에서 직접 사신을 파견할 것을 제시했다. 이러한 절차에 따라 조선 조정은 양호에게 주본을 대신 상달할 것을 요청하면서 명 조정과 양호 모두에게 일본군의 대규모 재침 가능성을 알리며 경각심을 촉구했다.

9. 皇極等殿失火陳慰表(14a-15a)

조선국왕 선조가 원차주문배신(原差奏聞陪臣) 심희수로부터 1597년 6월 명 궁궐에 큰 화재가 났다는 보고를 접하고 명의 만력제에게 위로의 뜻을 전하며 보낸 진위 표문(陳慰表文)이다. 비록 화재가 발생했지만, 만력제가 끊임없이 수양과 국정 운영에 힘쓰던 중이었으니 오히려 이 사건이 전화위복의 계기가 될 것이라고 격려했다. 또한, 지리적인 제약으로 인해 직접적인 도움을 제공하지 못하는 상황에 대해 양해를 구했다. 본 문서와 뒤에 이어지는 문서들은 조선과 명이 주고받은 의례문서의 한 서식을 보여준다는 점에서 참고할 만하다.

10. 方物表(15a-15b)

조선국왕 선조가 진위 표문과 함께 명의 만력제에게 보낸 물품 내역을 담은 표문으로 의례 문서에 속한다. 재침 초기의 급박한 상황 전개에도 불구하고 조선 조정에서는 진위사를 파견하고 위로 물품을 보냈다. 원문에는 별도의 두주가 없으나 문맥에 따라 이를 별도의 문서로 구분하고 방물표(方物表)라는 제목을 달았다.

11. 慈聖皇太后前進獻禮物狀(15b)

조선국왕 선조가 진위 표문과 함께 명의 자성선문명숙황태후(慈聖宣文明肅皇太后)에게 예물을 보내면서 작성했다. 원문에는 별도의 두주가 없으나 문맥에 따라 이를 별도의 문서로 구분하고 자성황태후전진헌예물장(慈聖皇太后前進獻禮物狀)이라는 제목을 달았다. 봉진 물품이 비교적 간략하지만, 일본의 재침이 막 시작된 상황임에도 불구하고 조선 조정에서 보냈다는 사실을 간과할 수 없다.

12. 中宮前進獻禮物狀(15b-16a)

조선국왕 선조가 진위 표문과 함께 명의 황후에게 예물을 보내면서 작성했다. 원문에는 별도의 두주가 없으나 문맥에 따라 이를 별도의 문서로 구분하고 중궁전진헌예물장(中宮前進獻禮物狀)이라는 제목을 달았다. 봉진 물품은 자성황태후의 경우와 동일하다.

13. 請禮部聞奏咨 (16a-16b)

조선국왕 선조가 진위 표문과 진위 예물을 형조참판 이수광에게 주어 보낸다는 사실을 예부(禮部)에 알리는 자문이다. 열거된 봉진 물품은 앞의 방물표와 동일했지만 이 문서에서는 중복을 막기 위해 생략하고 '상동(上同)'이라고 기재했다. 원문에는 별도의 두주가 없으나 문맥에 따라 이를 별도의 문서로 구분하고 청예부문주자(請禮部聞奏咨)라는 제목을 달았다.

14. 請禮部聞奏咨 (16b-17a)

조선국왕 선조가 진우 표문과 진위 예물을 형조참판 이수광에게 주어 보내면서 동시에 자성황태후에게 보낼 예물을 가져간다는 사실을 예부에 알리는 자문이다. 열거된 봉진 물품은 앞의 예물표와 동일했지만 이 문서에서는 중복을 막기 위해 생략하고 '상동(上同)'이라고 기재했다. 원문에는 별도의 두주가 없으나 문맥에 따라 이를 별도의 문서로 구분하고 청예부문주자(請禮部聞奏咨)라는 제목을 달았다.

15. **請禮部聞奏咨** (17a-17b)

조선국왕 선조가 진위 표문과 진위 예물을 형조참판 이수광에게 주어 보내면서 동시에 황후에게 보낼 예물을 가져간다는 사실을 예부에 알리는 자문이다. 열거된 봉진 물품은 앞의 예물표와 동일했지만 이 문서에서는 중복을 막기 위해 생략하고 '상동(上同)'이라고 기재했다. 원문에는 별도의 두주가 없으나 문맥에 따라 이를 별도의 문서로 구분하고 청예부문주자(請禮部聞奏咨)라는 제목을 달았다.

16. **請護送咨**(17b-18a)

조선국왕 선조가 요동도지휘사사에 보낸 자문이다. 형조참판 이수광을 파견하여 진위 표문과 진위 예물을 가져가는 진위사 일행이 요동도지휘사사의 관할지를 통과할 예정이니 안전한 호송을 바란다는 내용이다. 원문에는 별도의 두주가 없으나 문맥에 따라 청호송자(請護送咨)라는 제목을 달았다.

17. **本國咨報倭賊攻破閑山**(18a-21a)

조선국왕 선조가 흠차비왜총병부 · 흠차경리조선감군안찰사 · 흠차경략군문 · 흠차경리조선군무도찰원에 보낸 자문이다. 1597년 7월 15일부터 시작된 칠천도 해전의 경과와 직후 상황에 대한 내용을 담고 있다. 먼저, 거제도 일대를 순시하던 조선 수군이 새벽녘 일본 수군의 기습을 받아 패배하면서 통제사 원균, 전라우도수군절도사 이억기, 충청도수군절도사 최호 등 주요 지휘관들이 모두 전사했다. 경상우도수군절도사 배설은 후퇴해 전선 12척만을 보전했다. 이후 도순찰사 권율은 전임 통제사였던 이순신에게 사천 일대에서 조선 수군을 재정비하라는 명령을 내렸다. 일본군은 천 척 이상의 전함을 동원하고 양산 · 밀양 등 낙동강 동쪽 지역까지 진입하는 등 해상과 육상에서 조선군을 압박했다. 이러한 전황 공유와 더불어 조선은 명 수군이 신속히 조선군과 연합하여 일본군의 해상 진격을 차단해야 한다고 주장했다. 그러나 처음 파견된 3천의 병력만으로는 대규모 공세를 막기에 부족하다고 판단한 조선은 추가 병력 파견과 양국 합동 작전을 통해 일본군을 일시에 격멸할 것을 강력히 요청했다.

18. **本國咨請各軍火器**(21a-22a)

조선국왕 선조가 경리 양호에게 보낸 자문이다. 충청도와 전라도의 속오군 가운데는 전투 경험을 지닌 건장한 병사들이 있으나, 제대로 된 전투 장비가 부족하여 이들을 효과적으로 활용하기 어렵다는 현장의 고충을 전하며 무기 지원이 절실함을 피력했다. 특히, 과거 평양성 전투에서 명군이 다양한 화기를 사용해 거둔 성과를 언급하면서 현재 대규모로 웅천과 양산 등 해안과 내지로 진입한 일본군을 상대하기 위해서는 화기 사용이 절대적으로 중요하다고 강조했다.

19. 邢軍門催造戰船(22a-23a)

흠차총독계료보정등처군무겸리양향경략어왜병부상서겸도찰원우부도어사(欽差總督薊遼保定等處軍務兼理糧餉經略禦倭兵部尙書兼都察院右副都御史) 형개(邢玠)가 조선국왕 선조에게 보낸 자문이다. 명이 절강·복건·광동의 수군을 동원해 조선 수군과 함께 일본군의 해상 침공을 저지할 계획을 수립한 가운데, 자국 수군이 사용할 전선 중 약 40~50척 혹은 약 70~80척을 조선에서 건조하고 함께 기동해 적을 물리칠 수 있도록 요청했다. 이와 함께, 이미 준비된 선척과 격군의 수효에 대한 정보도 함께 제공할 것을 주문했다.

20. 回咨(23a-26a)

조선국왕 선조가 총독 형개에게 회답한 자문이다. 먼저, 칠천량에서 원균·이억기·최호 등 주요 지휘관들이 모두 전사하고 겨우 12척이 남을 정도로 조선 수군이 심각한 타격을 입었다는 사실을 자세히 기술했다. 이어서, 전임 통제사 이순신이 한산도에서 흩어진 병력을 모아 전열을 재정비하고 전선 건조를 위해 노력하고 있으나 여전히 충분한 전함을 확보하지 못한 형편을 전했다. 명 수군의 전선을 보급할 여유가 없는 자국의 어려운 현실을 알리며 명 수군을 위한 전선 건조 요청을 유연하게 거절한 것이다.

21. 冬至表(26a-26b)

조선국왕 선조가 동지영절(冬至令節)을 맞아 명의 만력제에게 보낸 표문이다. 이 문서와 뒤에 이어지는 문서들은 전형적인 의례문서의 서식을 보여준다는 점에서 참고할 만하다.

22. 方物表(27a-27b)

조선국왕 선조가 동지영절을 맞아 명의 만력제에게 보낸 방물 내역을 담은 표문으로 의례문서에 속한다. 원문에는 별도의 두주가 없으나 문맥에 따라 이를 별도의 문서로 구분하고 방물표(方物表)라는 제목을 달았다.

23. 謝恩表(27b-28b)

조선국왕 선조가 명의 만력제에게 보낸 사은 표문(謝恩表文)이다. 권협이 사신으로 북경에 다녀오는 길에 무기를 구매할 수 있도록 허락해 준 것에 대해 감사의 뜻을 전한 문서다. 동지 표문(冬至表文)과 함께 전형적인 의례문서의 서식을 보여준다는 점에서 참고할 만하다.

24. 方物表(28b-29a)

조선국왕 선조가 사은 표문과 함께 명의 만력제에게 보낸 방물 내역을 담은 표문으로 의례문서에 속한다. 원문에는 별도의 두주가 없으나 문맥에 따라 이를 별도의 문서로 구분하고 방물표(方物表)라는 제목을 달았다.

25. 慈聖皇太后前進獻禮物狀(29a-29b)

조선국왕 선조가 동지영절을 맞아 명의 자성선문명숙황태후에게 봉진 물품을 보내면서 작성한 표문이다. 원문에는 별도의 두주가 없으나 문맥에 따라 이를 별도의 문서로 구분하고 자성황태후전진헌예물장(慈聖皇太后前進獻禮物狀)라는 제목을 달았다.

26. 中宮前進獻禮物狀(29b)

조선국왕 선조가 동지영절을 맞아 명의 황후에게 봉진 물품을 보내면서 갖춘 문서이다. 원문에는 별도의 두주가 없으나 문맥에 따라 이를 별도의 문서로 구분하고 중궁전진헌예물장(中宮前進獻禮物狀)라는 제목을 달았다. 이 문서 역시 의례문서에 해당하며 봉진 물품은 자성황태후의 경우와 동일하다.

27. 請禮部聞奏咨(29b-30a)

조선국왕 선조가 동지영절을 맞아 진하 표문과 진헌 예물을 갖추어 동지사 기자헌에게 주어 보낸다는 사실을 예부에 알리는 자문이다. 열거된 예물은 앞서의 방물표와 동일했을 것이나, 이 문서에서는 중복을 피하기 위해 생략하고 '상동(上同)'이라고 기재했다. 원문에는 별도의 두주가 없으나 문맥에 따라 이를 별도의 문서로 구분하고 청예부문주사(請禮部聞奏事)라는 제목을 달았다.

28. 請禮部聞奏咨(30a-30b)

조선국왕 선조가 동지영절을 맞아 진하 표문과 진헌 예물을 갖추어 동지사 기자헌에게 주어 보내면서 동시에 자성선문명숙황태후에게 보내는 예물을 가져간다는 사실을 예부에 알리는 자문이다. 열거된 예물은 앞의 예물표와 동일했을 것인데 이 문서에서는 중복을 피하기 위해 생략하고 '상동(上同)'이라고 기재했다. 원문에는 별도의 두주가 없으나 문맥에 따라 이를 별도의 문서로 구분하고 청예부문주사(請禮部聞奏事)라는 제목을 달았다.

29. **請禮部聞奏咨(30b-31a)**

조선국왕 선조가 동지영절을 맞아 진하 표문과 진헌 예물을 갖추어 동지사 기자헌에게 주어 보내면서 동시에 황후에게 보내는 예물을 가져간다는 사실을 예부에 알리는 자문이다. 열거된 예물은 앞의 예물표와 동일했을 것인데 이 문서에서는 중복을 피하기 위해 생략하고 '상동(上同)'이라고 기재했다. 원문에는 별도의 두주가 없으나 문맥에 따라 이를 별도의 문서로 구분하고 청예부문주사(請禮部聞奏事)라는 제목을 달았다.

30. **請給曆日咨(31a)**

조선국왕 선조가 명의 만력제에게 동지표를 보내면서 이듬해인 만력 26년 대통력(大統曆)을 요청하는 자문으로 의례문서에 해당한다. 원문에는 별도의 두주(頭註)가 없으나 문맥에 따라 이를 별도의 문서로 구분하고 청급역일사(請給曆日事)라는 제목을 달았다.

31. **請護送咨(31a-31b)**

조선국왕 선조가 요동도지휘사사에 보낸 자문이다. 동지영절을 맞아 진하 표문과 진헌 예물을 갖추어 북경으로 가는 동지사 일행이 요동도지휘사사의 관할지를 통과할 예정이니 안전한 호송을 바란다는 내용이다. 원문에는 별도의 두주가 없으나 문맥에 따라 청호송자(請護送咨)라는 제목을 달았다.

32. **本國加備粮餉(31b-33a)**

조선국왕 선조가 경리 양호에게 보낸 자문이다. 매관과 면죄를 통해 경기도·황해도·충청도·전라도에서 추가로 확보한 쌀과 콩의 수효를 명시하고 보관 장소를 밝힘으로써 명군이 조선 내에서 납속미와 관련해 얼마나 그리고 어디서 군량을 지원받을 수 있는지에 대한 세부 정보를 제공했다. 이 문서를 통해 충청도의 경우 쌀 3,525석과 콩 8,183석, 전라도는 쌀 4,763석과 콩 10,234석, 경기도는 쌀 2,521석과 콩 856석, 황해도는 쌀 2,918석과 콩 5,434석이 15개의 대참(大站)에 보관돼 있음을 확인할 수 있다. 특히, 충청도는 피해가 상대적으로 적어 쌀과 콩을 충주와 공주에 비축하고 전라도는 전주와 남원에 저장해 명군에 대한 공급에 차질이 없도록 조치했다. 그러나, 당해 연도의 작황 악화로 인해 수확량이 약 20% 정도 감소했음을 밝히며, 상기 분량 이상의 군량 지원이 어려움을 표명했다. 이와 같이 조선은 명의 군량 지원 요청을 그대로 수용하기보다는 전쟁으로 인한 피폐함과 어려운 상황 속에서도 최선을 다해 일정량의 곡물을 마련하고 있는 사실을 부각하면서 명의 요청을 온전히 따를 수 없는 사정을 설득력 있게 전달했다.

33. 本國咨報倭犯全羅(33a-37a)

조선국왕 선조가 경리 양호에게 보낸 자문이다. 7월 중순부터 8월 중순까지 최전방 지휘관들이 입수한 일본군의 전라도 침공 동향을 시간순으로 정리했다. 주목할 점은 일본군의 재침이 전라도 침공에 집중되었을 뿐만 아니라 육상과 해상에서 동시에 진행되었음을 조선 조정에서는 재침 초기부터 파악하고 있었다는 사실이다. 먼저, 경상좌도에 주둔한 가토 기요마사가 선봉이고 공격 목표가 남원이라는 첩보가 포함됐다. 8월 초순으로 특정된 진군 개시일과 더불어 육해상 진격 경로 및 남원성 공격 이후의 계획과 관련한 정보도 입수되었다. 또 다른 첩보에 따르면, 8월 초순에 일본군이 낙동강 서안의 남쪽을 공략해 경상도에서 전라도, 그리고 경상도에서 충청도로 향하는 두 방면으로 육상 공세를 펼치고 있는 정황을 파악했다. 이처럼 동시다발적인 일본군의 침공으로 인해서 조선은 병력 부족 문제에 직면했고 남원성 구원을 위한 별도의 부대를 차출하지 못한 상황을 공유하며 양국 간 협력을 주장했다. 동시에, 후속 부대의 신속한 증파와 투입도 요청했다. 군량과 관련해서는 2~3만여 병력에 몇 달간 공급할 군량을 마련했으나, 그 이후에는 산동에서 명이 직접 군량을 수송해 지급하는 방안을 제시했다.

34. 楊經理固守江華(37a-37b)

경리 양호가 조선국왕 선조에게 보낸 자문이다. 양호는 칠천량 패전 이후 일본군이 언제든 해상을 통해 강화도로 침입할 수 있다고 판단하고, 조선에 강화도의 군량 보호 대책을 마련할 것을 요청했다. 구체적으로, 성곽을 건설해 방어력을 강화하고, 소속 군병의 수를 늘려 경계를 철저히 하며, 화기를 추가로 배치할 것을 제안했다. 또한, 병선을 운용해 인근 지역을 정찰함으로써 잠재적인 위협을 사전에 탐지하고 대비할 것을 주문했다. 이 자문을 통해 명군 지휘부가 조선 수군의 칠천량 패배로 서해와 남해를 잇는 주요 수로가 노출되었음을 우려하며 강화도 방어의 중요성을 강조한 사실을 확인할 수 있다.

35. 回咨(37b-38b)

조선국왕 선조가 경리 양호의 자문에 대해 답신으로 보낸 자문이다. 조선이 한강 입구에 위치한 강화도의 전략적 중요성을 일찍부터 인지하고, 개전 이래로 방어 대책을 수립하고 실행해 왔으나, 여전히 충분한 대비책을 마련하지 못했음을 인정했다. 이에 따라 양호의 요청에 부응해 강화도의 방비를 더욱 강화할 것임을 밝혔다. 또한, 비록 조선 수군이 패배했지만, 적의 수군이 남해안으로부터 북진하는 것을 방지하기 위해 모든 역량을 집중할 것임을 강조했다.

36. 楊經理咨沈惟敬被罪不治脅從諸人(38b-40a)

경리 양호가 경략 형개의 지시에 따라 조선국왕 선조에게 보낸 자문이다. 일본군이 다시 침공하자, 교섭을 주도했던 심유경뿐 아니라 대부분 남인(南人)으로 구성된 수하들의 송환 문제를 해결하기 위해서 경략 형개는 그들이 조선에 주둔한 남병(南兵) 부대에 잠입하는 것을 차단하는 방안을 포함해서 조선에 머물거나 잠복한 한인(漢人)과 남인에 대한 전수 조사로 이들을 색출할 것을 조선 조정에 요청했다.

37. 回咨(40a-41a)

조선국왕 선조가 경리 양호의 자문에 대해 회신으로 보낸 자문이다. 남인을 포함해 주둔 명군의 신분이 아니면서 조선에 체류하는 한인들에 대한 전수 조사를 실시하고 이들을 총병 마귀의 진영으로 돌려보내는 조치를 단행한 내용을 담고 있다. 또한, 1593년부터 병에 걸리거나 탈영해 불법적으로 조선에 잠입한 명군과 한인들을 수사해 전원 명군 진영으로 돌려보낸 사례도 상기시켰다.

38. 楊經理催調天兵整飭本國軍伍(41a-42b)

경리 양호가 경략 형개의 지시에 따라 조선국왕 선조에게 보낸 자문이다. 명군 지휘부가 1,000척 이상의 전함으로 조선 수군을 압도하고 육상에서도 대규모 공세를 벌이고 있는 일본군의 전력을 인지하면서도 목표치인 3~4만 명에 미치지 못하는 1~2만여 명밖에 동원할 수 없는 현실적 어려움에 직면해 있음을 조선과 공유한 내용이다. 이에 따라, 조선군이 총병 마귀의 지휘 아래 명군의 진법과 전투 체계를 미리 익혀, 파병 명군이 전선에 배치되기 전이라도 원활한 합동 작전과 군사 협력을 준비할 것을 조선 조정에 요청했다.

39. 回咨(42b-43b)

조선국왕 선조가 경리 양호의 자문에 대해 회신으로 보낸 자문이다. 경략 형개로부터 직접 받은 동일한 내용의 자문에 대해 이미 회답을 준비 중이었음을 밝히며, 명군의 진법과 전투 체계를 익히고 있음을 알렸고 향후 공동 작전에 협력할 것임을 약속했다.

40. 本國咨報賊犯南原請取李捻兵來救(43b-46b)

조선국왕 선조가 경리 양호에게 보낸 자문이다. 조명 군사 공조가 구체화되는 시점에서 일본군이 대규모로 남원을 공격하자 조선은 명군에게 긴급히 구원을 요청했다. 이 자문에 따라 일본군의 남원 공격 상황을 시간순으로 나열하면 다음과 같다. 8월 7일 구례현에 진입하고 9일에는 남원성 주변의 방성원에 도착했다. 이후 가토 기요마사 부대가 12일부터 동문과 남문으로 쳐들어오면서 당일 사면을 모두 포위해 남원성으로 가는 통로가 완전히 가로막혔다. 한편, 조선은 전주에 주둔한 유격 진우충 부대로는 구원하기 어렵다고 판단해서 요동 동로에 주둔하고 있는 부총병 이여매 부대의 동원 가능성을 타진했다. 이여매 부대가 과거 평양성 수복 전투와 벽제관 전투에서 뛰어난 무공을 세운 바 있기에 지원 여부를 문의한 것이다. 아울러 아직 도착하지 않은 후속 부대도 신속히 도착할 수 있도록 재촉해 줄 것을 요청했다.

41. 蕭按察酌運粮餉(46b-48a)

감군 소응궁이 조선국왕 선조에게 보낸 자문이다. 우선, 의주와 정주에 도착한 명군 군량은 대동강 하구의 광양진으로, 평양과 안주에 도착한 군량은 강화도로 각각 옮겼음을 확인했다. 동시에 내륙의 남원·공주·충주에 주둔한 명 육군에게 군량을 운송할 방법과 정보를 요청했는데 여기에는 군량의 운송 경로와 저장 상황, 각 지점 간의 거리, 저장지의 방어 상태 등이 포함됐다. 또한, 조선의 군량 지원을 전제로 한산도와 장기현을 명 수군의 주둔 예정지로 지목하고 강화도와의 거리, 군량 조달 가능성, 군량 집적지 등 주요 사안들을 문의했다.

42. 回咨(48a-51a)

조선국왕 선조가 감군 소응군의 자문에 대해 회신으로 보낸 자문이다. 명 육군과 수군을 위한 군량 운송에 있어 필요한 지형 지리적 정보, 경로, 거리 등을 제공하면서 동시에 일본군이 이미 내륙으로 진입해 남원성을 포위한 상황에서 내륙보다는 강화도에서 직접 군량을 운송하는 방법이 더 효과적이라는 견해도 제시했다. 구체적으로, 명에서 운송된 군량과 평안도에서 모은 군량을 강화도에 함께 보관한 후, 수륙 명군의 주둔지로 공급하는 계획을 제안했다. 또한, 칠천량 패전 이후 조선 수군이 전라도 연안의 요충지에서 명 수군의 도착을 기다리고 있으며, 해로를 통한 군량 지원이 가능하다고 밝혔다. 마지막으로, 명군 수륙 병력의 신속한 파견과 합동 방어선의 구축, 그리고 명에서 보낸 군량의 기한 내 운송 및 접제를 요청했다.

43. 麻総兵詳議水砦船隻(51a-52b)

총병 마귀가 조선국왕 선조에게 보낸 자문이다. 칠천량 전투 패전 이후 조선 수군의 현황 및 절강 수군의 주둔과 관련한 주요 사안을 다루고 있다. 새로 보충한 조선 수군의 병력과 새로 건조한 선척의 수, 현재 조선 수군의 방어 지역, 절강 수군이 주둔하기에 적합한 지역, 절강 수군을 방어할 조선군의 편성 여부, 절강 수군을 지원할 군량의 유무 등에 대해서 문의했다.

44. 回咨(52b-53b)

조선국왕 선조가 총병 마귀의 자문에 대해 회신으로 보낸 자문이다. 칠천량 해전 패배 후, 수군통제사 이순신에게 현재 수병을 동원하고 전함 30여 척을 점검하며 또한 전함을 건조하면서 한산도 서쪽의 전라도 연해 요해지에서 명나라 수군의 도착을 기다리도록 명령을 내린 사실을 공유했다. 또한, 명나라 수군이 주둔할 곳으로 순천 관내의 방답진과 해남 관내의 우수영 앞바다가 적합하나 최근 순천이 일본군의 침략을 받은 사실을 알렸다. 남원과 전주에 주둔한 양호 부대와 진우충 부대에 대한 군량 지원과 관련해 전라도와 충청도에서 지급하도록 준비를 마친 사실도 알렸다.

45. 本國咨報南原被陷賊勢益急(53b-55a)

조선국왕 선조가 경리 양호에게 보낸 자문이다. 일본군이 남원성을 공격해 4~5일간의 공방전 끝에 함락되었으며 부총병 양원은 행방불명이라는 소식을 전했다. 그리고 일본군이 계속 북상할 경우, 전주가 다음 공격 목표이지만, 이곳을 방어하는 진우충 부대의 병력이 많지 않고 후방 지원을 위한 우백영·파귀·장유성 부대 역시 병력이 부족하다는 점을 지적했다. 또한 도성에 주둔한 총병 마귀의 부대도 전주로 지원 병력을 보낼 여력이 없다는 사실을 언급하면서 평양에 주둔한 경리 양호 예하의 팽우덕 부대에서 정예병을 차출해 경성으로 이동시켜 총병 마귀와 협력해 남원성 함락 이후 일본군의 북진에 효과적으로 대응할 것을 요청했다.

46. 麻都督前揭(55a-55b)

조선국왕 선조가 총병 마귀에게 보낸 게첩이다. 남원성 함락 소식과 양원의 행방불명 소식을 듣고서, 양원의 안위에 대한 깊은 염려의 심정을 표명한 내용이다. 조선의 지원군이 미약하나마 협력했지만, 결과적으로 남원성 방어를 돕지 못한 사실에 대해 안타까워했다. 또한, 양원에 대한 징계 소문이 돌고 있는 상황에서 그가 조선에서 많은 공적을 쌓은 인물이고 타국에서 전화(戰禍)를 입었기에 더욱 애통하다는 견해도 밝혔다.

47. 楊經理前揭(55b-56b)

조선국왕 선조가 경리 양호에게 보낸 게첩이다. 일본의 대규모 재침이라는 위기 상황에서 최선을 다하고 있는 양호의 노고를 재확인하면서 양국 간 공문서 수수 과정에서 발생한 문제에 대한 그의 지적에 답변한 내용이다. 승문원의 실수로 인해 문서 처리가 원활하지 않았던 점을 인정하고 본원의 제조(提調) 허성을 보내 직접 견책을 받도록 하겠다는 의사를 표명했다.

48. 麻都督閑山失守今于何島添兵設備咨(56b-57b)

총병 마귀가 조선국왕 선조에게 보낸 자문이다. 조선 수군이 칠천량 해전에서 패배한 이후, 명의 등주·내주·천진 연해 일대가 일본군의 공격 가시권에 들어갈 위험을 명시하면서, 현재 조선 수군의 해당 지역 방어 상황에 대해 문의했다. 구체적으로, 조선 수군이 어느 지역에 주둔하고 있고 병력 충원과 방비 상황이 어떠한지에 대한 정보를 공유할 것을 요청했다.

49. 回咨(57b-59a)

조선국왕 선조가 총병 마귀의 자문에 대해 회신으로 보낸 자문이다. 한산도 수비에 실패한 후, 조선 조정은 수군통제사 이순신으로 하여금 신임 전라우도수군절도사 김억추와 신임 충청도수군절도사 권준과 함께 병력을 모집하고 전함을 모아 순천 관내의 방답진이나 해남 관내의 우수영 앞바다로 물러나 수비하도록 명령한 사실을 공유했다. 그러나 방답진의 경우 최근 남서쪽 인근의 낙안이 일본군의 공격을 받아 어려움을 겪고 있기에 만약 명 수군이 도착한다면 방답진보다 상대적으로 안전한 해남의 우수영 앞바다에 정박해 주둔하는 것이 바람직하다고 판단했다. 조선 수군이 병력 충원과 전함 건조에 집중하며 명군 수군의 도착을 기다리고 있으니 신속히 양국의 수군이 합동으로 방어하고 공격할 수 있도록 진군을 재촉해 줄 것을 거듭 요청했다.

50. 哨備倭奴備辦粮餉咨(59a-60b)

총병 마귀가 총독 형개의 지시를 조선국왕 선조에게 전달한 자문이다. 형개는 조선에 투입된 자국 부대의 전투 준비가 완료될 때까지, 조선군이 일본군의 내지 침투를 최대한 억제하도록 요청했다. 우선, 경상도와 전라도의 조선 부대에 은밀히 명령을 내려 일본군이 침입한 지역을 관찰하도록 했다. 아군 진영에서 연통을 겹쳐 놓고 땔감과 풀을 베어놓으며, 밤에는 불을 올리고 낮에는 연기를 피워 대규모 병력이 취사하는 것처럼 위장할 것을 주문했다. 또한, 각 성의 공허한 지점에 많은 깃발을 걸어 대규모 병력이 주둔하는 형세를 꾸미고, 명군 구원병이 백만 명에 이른다는 소문을 일본군에 퍼뜨리도록 했다. 이와 함께 명에서 운송되는 군량에만 의존하지 말고 조선에서도 자체적으로 군량을 마련해 명군을 지원할 것을 요청했다.

51. 回咨(60b-62a)

조선국왕 선조가 마귀의 자문에 대해 회신으로 보낸 자문이다. 형개가 요청한 사항들을 최전방에 통지해 모두 실행에 옮겼으며 군량 지원과 관련해 다방면으로 가을 양곡을 모아 대비하도록 조치했음을 확인했다. 동시에, 일본군의 대규모 공세가 세 방면에서 동시적으로 전개되고 있음을 기술했는데, 구체적으로 낙동강 남부의 동서 연안을 따라 양면으로 북진하면서 서쪽으로 남원을 공격해 남원성을 함락시키고 전라도 내지로 깊숙이 진입해 오는 상황을 전달했다. 이와 함께 전주에 주둔한 명군 부대가 적의 대규모 공세에 맞설 여력이 부족해 경성 인근의 명군 부대들이 지원을 위해 내려간다면 경성 방어마저 위태로울 것이라고 예상하면서 조속한 지원 병력의 증파와 군량 운송을 다시 한번 독촉했다.

52. 總兵楊元前揭(62a-63a)

조선국왕 선조가 양원에게 보낸 게첩이다. 남원성 함락 이후 생사를 모르던 양원의 생존 사실을 전해 듣고서 그를 위로하며 안부를 묻는 내용이다. 전쟁 초반에 세운 그의 전공을 상기하면서, 조선이 다시 침략을 받게 되자 거듭 출진해 고립무원의 남원성을 지키다가 포위를 뚫고 나온 그의 용기를 높이 평가했다. 더 나아가 그의 탈출을 조선 백성들이 흩어져 피난한 탓으로 돌리며, 형조참의 정경달을 통해 위로품을 전달하고 격려했다. 그러나 이 문서를 통해 전라도병마절도사 이복남과 방어사 오응태가 이끄는 조선군이 남원으로 내려

간 사실도 재확인했다.

53. 麻總兵嚴飭各處水兵以圖再新(63a-64b)

총병 마귀가 조선국왕 선조에게 보낸 자문이다. 명군 지휘부는 칠천량 해전 패전 이후 새로 동원된 명군이 도착할 때까지 조선군과 주둔 중인 명군이 협력해서 해안 및 내지의 방어 지역을 고수하는 원칙을 조선 조정과 공유했다. 이 과정에서 도체찰사 이원익, 도순찰사 권율, 경상우도병마절도사 김응서에게 지시해 칠천량 해전 이후 흩어진 병선을 신속히 회수하고 추가 병선을 모집함으로써 한산도를 포함한 남해 수역에서 일본군의 해상 진격을 차단하도록 요청했다. 또한 조선 육군도 명군과의 합동 작전을 원활히 수행하기 위해 전열을 정비하도록 요청했다.

54. 回咨(65a-66a)

조선국왕 선조가 총병 마귀의 자문에 대해 회신으로 보낸 자문이다. 칠천량 패전 이후 조선 수군의 수습 조치 및 대비 상황을 명군에게 알리는 동시에, 육상과 해상의 최고위 지휘관들과 이들의 담당 방어 지역을 명기했다. 수군의 경우, 수군통제사 이순신을 필두로 전라우도수군절도사 김억추와 충청도수군절도사 권준이 병선을 수습하고 수병을 추가로 모집하며 순천의 방답진을 포함해 전라도 연안의 요해처에서 일본군의 서진을 차단하면서 명 수군의 도착을 기다리고 있는 상황을 알렸다. 육군의 경우, 도체찰사 이원익, 도순찰사 권율, 경상좌도병마절도사 성윤문, 경상우도병마절도사 김응서가 조령과 죽령 등 경성으로 북진하는 주요 경로를 방어하며 추가로 파병될 명군을 기다리고 있는 상황을 알렸다. 조선군이 육상과 해상에서 담당 방어 지역을 확고히 지키고 있음을 재확인하면서 조선에 추가로 투입될 명군의 신속한 배치를 재차 강조했다.

55. 麻総兵催督本國兵馬進援南原(66a-67a)

총병 마귀가 조선국왕 선조에게 보낸 자문이다. 일본군의 남원성 포위로 양원이 고립된 상황임에도 불구하고 조선의 군민들은 전주로 도망가고 조선군은 방관하고 있다고 비난하며, 신속한 지원을 촉구하는 내용으로 구성됐다. 명군 지휘부는 전라도의 진우충 부대와 경상도의 오유충 부대를 남원으로 이동시키기 어렵다는 입장을 확인하면서 남원성 구원에 있어 조선군의 역할을 강조했다. 특히, 도체찰사 이원익과 도순찰사 권율을 중심으로 조선군이 더 적극적으로 나서야 한다고 주장했다.

56. 回咨(67a-70b)

조선국왕 선조가 총병 마귀의 자문에 대해 회신으로 보낸 자문이다. 남원성이 포위된 상황에서 구원하지 않았다는 이유로 조선군의 비협조를 문제시하는 명군 지휘부에 대해, 남원성 전투의 전반적인 전개를 정확히 되짚으며 조선의 입장을 개진하는 내용이 핵심이다. 남원성 전투가 벌어지기 6일 전부터 일본군이 경상도의 낙동강 동서 연안에 위치한 주요 지역들을 차례로 공격했는데, 이들 지역은 전라도로 서진하거나 경성으로 북진하기 위한 전략적 요충지였다. 이곳의 조선군이 방어를 소홀히 할 경우, 경성이 5~8일 안에 위태로울 수 있었기 때문에 각 방어 지역에서 일본군의 북상을 저지해야만 했다. 따라서 남원성을 구원하러 이동하는 것은 시간적으로나 형세상 매우 어려운 일이었다. 실제로 교전이 벌어진 사례를 들어, 경상도 지역의 조선군 부대가 전라도로 진격하는 일본군을 차단하거나 남원성을 구원하기 위해 쉽게 방어 지역을 이탈할 수 없는 전선의 현실을 설명했다. 이와 함께, 일본군이 남원성을 사면으로 철저히 봉쇄하고 집중적으로 공격하는 전술을 펼쳤으며, 이런 상황 속에서도 전라도병마절도사 이복남과 방어사 오응태가 정예병과 경성에서 파견된 포수·살수 부대를 이끌고 남원성을 구원하러 간 사실도 확인했다. 결론적으로, 조선군이 각자의 방어지에서 대일 방어에 최선을 다했음을 강조했다.

57. 楊經理固守王京勿致搖動(70b-71a)

남원성이 함락된 후 경리 양호가 조선국왕 선조에게 경성을 떠나지 말고 인심을 안정시키며 방어에 집중할 것을 권유하며 보낸 자문이다. 또한 지략과 용맹을 겸비한 부총병 이방춘을 파견해 수도 방어를 위한 구체적인 계획 수립에 협조할 것임을 약속했다.

58. 回咨(71a-72a)

경리 양호의 자문에 대한 조선국왕 선조의 회신이다. 대규모 일본군이 남원성을 포위하고 외부 지원을 차단한 상황에서도 전라도병마절도사 이복남과 방어사 오응태를 비롯한 조선군 지휘관들과 양원의 호종 대신 정기원까지 모두 전사한 사실을 다시 부각하며 일본군의 재침에 맞서는 조선의 결연한 자세를 확인했다. 동시에 남원성 함락으로 동요해 도피한 백성들을 처벌하지 않고 설득하여 복귀시킴으로써 조선이 끝까지 일본군의 공세에 굴하지 않았음을 분명히 했다. 또한 총병 마귀가 도성에 있는 점을 강조하면서 새로 파견되는 명군 장수와도 협력해서 방어 계획 수립에 소홀함이 없도록 하겠다고 약속했다.

59. 本國固守要害鎭定人心(72a-73b)

조선국왕 선조가 총독 형개와 경리 양호에게 보낸 자문이다. 남원성 함락 이후 일본군의 충청도 진입 가능성에 대비해 핵심 요충지인 공주 방어의 필요성을 강조한 충청도관찰사 정윤우의 보고가 핵심 내용이다. 정윤우는 공주 방어를 담당한 명군의 진우충 부대가 남원성 함락 이후 오히려 더 북쪽에 위치한 천안으로 후퇴해 다른 부대들과 합세한 점을 지적했다. 그는 이러한 명군 부대의 재배치로 인해서 일본군이 충청도로 진입하고 더 나아가 경기도까지 침범할 수 있으니 명군 지휘부가 진우충에게 명령을 내려 공주로 복귀하고 복병·매복을 통해 일본군의 접근을 차단하게 하는 방안도 제시했다. 동시에 본인이 조선 백성들이 흩어지지 않고 돌아오도록 조치한 상황을 설명하면서 이러한 대책을 통해서 명군의 공주 복귀 시 소요될 군량 지원에 차질이 없도록 할 것임도 강조했다.

60. 本國査報楊捻兵守城殺賊始末(73b-75b)

조선국왕 선조가 남원성 함락 및 양원의 탈출과 관련해서 총독 형개와 경리 양호 뿐 아니라 요동순무와 요동순안에게 동시에 보낸 자문이다. 전반적으로 대규모 일본군의 압도적인 공세 속에 양원의 탈출이 불가피했음을 기조로 하고 있으나 전라도병마절도사 이복남을 비롯해 남원성 방어를 위해 싸운 조선군 지휘관들이 전원 전사한 사실을 병렬함으로써 남원성 방어를 총괄한 양원의 책임 소재를 밝히는 하나의 근거를 제공했다는 특징을 보인다. 먼저, 일본군의 남원성 공격 한 달 전인 7월에 양원이 성벽·해자·참호를 증축하고 마초를 예비하는 등 적극적인 방어 태세를 갖춘 사실을 서술하며 그의 수호 의지를 상양했다. 다음으로 대규모 일본군이 성 주위 20리를 차단하고 총포와 공성 기계를 동원해 집중적으로 남원성을 공격한 사실을 기술함으로써 수적으로나 화력으로나 열세를 무릅쓰고 방어하는 양원의 분투를 극적으로 드러냈다. 동시에 일본군의 공격이 8월 12일부터 시작됐고 16일에 성이 함락돼 양원의 활약이 약 5일 만에 끝났고 16일 당일에 양원이 서문을 통해 탈출한 사실을 명기했다. 무엇보다도 조선군이 일본군의 공세가 시작되기 하루 전인 11일에 일본군의 포위를 뚫고 성으로 들어가 명군과 함께 싸웠고 주요 지휘관들이 전몰한 사실을 병기했다. 전라도병마절도사 이복남, 별장 신호, 남원부사 임현, 남원판관 이덕회, 구례현감 이원춘뿐 아니라 양원의 수종을 맡은 정기원까지 구체적으로 기록한 점은 주목할 만하다.

끝으로, 역주와 발간에 한마음으로 동참해 준 3명의 역자들에게 감사의 마음을 전한다. 동북아역사재단 박지향 이사장님 및 재단 출판 관계자 여러분께도 감사의 말씀을 드린다.

역자를 대표하여
이정일

일러두기

○ 이 번역서는 『壬辰倭亂 史料叢書 1~8 對明外交』(국립진주박물관, 2002, 영인본)의 『事大文軌』 卷之二十二에 대한 수록 문서 목록, 표점, 번역의 세 부분으로 구성되어 있다.

○ 수록 문서의 작성 연월일은 원문의 날짜 표기 방식대로 표기하였다. 수록 문서 목록의 쪽수는 영인본의 쪽수와 일치한다.

○ 표점과 번역은 부호, 띄어쓰기, 줄 바꿈, 수신문과 발신문의 화자 표시, 행이 과정 등을 포함해서 재단 출간 〈동북아역사 자료총서〉 편집 양식을 준용하였다.

○ 표점은 원문의 의미를 살리기 위해서 마침표, 쉼표, 따옴표, 물음표, 느낌표, 쌍점, 가운뎃점 등을 최소한으로 사용하였다.

○ 번역의 발신과 수신은 해당 문서의 발신자와 수신자를 의미한다.

○ 인명, 지명, 국명, 서명, 고유명사는 각 문서에서 처음 등장할 때 한자를 병기하는 것을 원칙으로 하였다.

○ 번역은 원문에 가깝게 직역을 하는 것을 원칙으로 하되 독자들의 내용 이해를 돕기 위해서 형용사, 명사, 조사 등 적합한 어구를 삽입하고 대괄호 및 괄호 등으로 표시하였다.

○ 모든 번역문의 종결은 외교 문서임을 고려하여 최상 격식체인 합쇼체를 원칙으로 하였다. 단, 문맥의 의미를 살리기 위해 만력제의 발화는 최하 격식체인 해라체로 통일하였다.

○ 대두법(擡頭法)은 원문과 번역문에서 모두 적용하지 않았다.

○ 번역자의 판단에 따라 필요한 경우 각주로 설명하고, 각주 내 국한문 표기는 원문의 원칙을 따랐다. 원본에 명백한 오류가 있는 글자 등에 대해서는 원문은 그대로 두고 각주로 설명하였다. 입력할 수 없는 이체자, 이형자 등은 정자로 표기하였다.

○ 조선왕조실록 및 문집 등에서 원문의 기사와 동일하거나 연관된 기사가 있을 경우, 해당 내용(원문)을 《동북아역사논총》의 각주 형식으로 첨부하였다.

편역 事大文軌 7 – 권22 –

차 례

수록 문서 목록

『壬辰倭亂 史料叢書 1~8 對明外交』(국립진주박물관, 2002 영인본) 3책

번호	제목[頭註]	일자	쪽수	번역자
1	楊經理及時徵稅	萬曆二十五年 七月 初七日	147~150	김한신
2	回咨	萬曆二十五年 七月 二十一日	150~152	김한신
3	蕭按察酌定鍰贖事規	萬曆二十五年 七月 十九日	153~157	김한신
4	回咨	萬曆二十五年 七月 二十四日	158~161	김한신
5	蕭按察教演武藝	萬曆二十五年 七月 二十一日	161~162	김한신
6	回咨	萬曆二十五年 七月 二十四日	162~164	김한신
7	賊情奏文	萬曆二十五年 七月 二十四日	164~171	김한신
8	具咨經理	萬曆二十五年 七月 二十四日	172~173	김한신
9	皇極等殿失火陳慰表	萬曆二十五年 七月 二十七日	173~175	김한신
10	方物表	萬曆二十五年 七月 二十七日	175~176	김한신
11	慈聖皇太后前進獻禮物狀	萬曆二十五年 七月 二十七日	176	김한신
12	中宮前進獻禮物狀	萬曆二十五年 七月 二十七日	176~177	김한신
13	請禮部聞奏咨	萬曆二十五年 七月 二十七日	177~178	김한신
14	請禮部聞奏咨	萬曆二十五年 七月 二十七日	178~179	김한신
15	請禮部聞奏咨	萬曆二十五年 七月 二十七日	179~180	김한신
16	請護送咨	萬曆二十五年 七月 二十七日	180~181	김한신

번호	제목[頭註]	일자	쪽수	번역자
17	本國咨報倭賊攻破閑山	萬曆二十五年 七月 二十七日	181~187	김한신
18	本國咨請各軍火器	萬曆二十五年 七月 二十九日	187~189	김한신
19	邢軍門催造戰船	萬曆二十五年 七月 十四日	189~191	장정수
20	回咨	萬曆二十五年 八月 初五日	191~197	장정수
21	冬至表	萬曆二十五年 十一月 十三日	197~198	장정수
22	方物表	萬曆二十五年 十月 十三日	199~200	장정수
23	謝恩表	萬曆二十五年 八月 初六日	200~202	장정수
24	方物表	萬曆二十五年 八月 初六日	202~203	장정수
25	慈聖皇太后前進獻禮物狀	萬曆二十五年 十一月 十三日	203~204	장정수
26	中宮前進獻禮物狀	萬曆二十五年 十一月 十三日	204	장정수
27	請禮部聞奏咨	萬曆二十五年 八月 初六日	204~205	장정수
28	請禮部聞奏咨	萬曆二十五年 八月 初六日	205~206	장정수
29	請禮部聞奏咨	萬曆二十五年 八月 初六日	206~207	장정수
30	請給曆日咨	萬曆二十五年 八月 初六日	207	장정수
31	請護送咨	萬曆二十五年 八月 初六日	207~208	장정수
32	本國加備粮餉	萬曆二十五年 八月 初十日	208~211	장정수
33	本國咨報倭犯全羅	萬曆二十五年 八月 十二日	211~219	장정수
34	楊經理固守江華	萬曆二十五年 八月 初七日	219~220	장정수
35	回咨	萬曆二十五年 八月 十三日	220~222	장정수
36	楊經理咨沈惟敬被罪不治脅從諸人	萬曆二十五年 八月 初八日	222~225	장정수
37	回咨	萬曆二十五年 八月 十五日	225~227	장정수
38	楊經理催調天兵整飭本國軍伍	萬曆二十五年 八月 初八日	227~230	장정수
39	回咨	萬曆二十五年 八月 十五日	230~232	장정수
40	本國咨報賊犯南原請取李捻兵來救	萬曆二十五年 八月 十六日	232~238	장정수
41	蕭按察酌運粮餉	萬曆二十五年 八月 初十日	238~241	김경태
42	回咨	萬曆二十五年 八月 十八日	241~247	김경태

번호	제목[頭註]	일자	쪽수	번역자
43	麻総兵詳議水砦船隻	萬曆二十五年 八月 十六日	247~250	김경태
44	回咨	萬曆二十五年 八月 十九日	250~252	김경태
45	本國咨報南原被陷賊勢益急	萬曆二十五年 八月 日	252~255	김경태
46	麻都督前揭	일자 없음	255~256	김경태
47	楊經理前揭	일자 없음	256~258	김경태
48	麻都督閑山失守今于何島添兵設備咨	萬曆二十五年 八月 十三日	258~260	김경태
49	回咨	萬曆二十五年 八月 日	260~263	김경태
50	哨備倭奴備辦粮餉咨	萬曆二十五年 八月 十七日	263~266	김경태
51	回咨	萬曆二十五年 八月 日	266~269	김경태
52	總兵楊元前揭	일자 없음	269~271	김경태
53	麻總兵嚴飭各處水兵以圖再新	萬曆二十五年 八月 二十日	271~274	김경태
54	回咨	萬曆二十五年 八月 二十二日	275~277	김경태
55	麻総兵催督本國兵馬進援南原	萬曆二十五年 八月 二十日	277~279	이정일
56	回咨	萬曆二十五年 八月 日	279~286	이정일
57	楊經理固守王京勿致搖動	萬曆二十五年 八月 二十一日	286~287	이정일
58	回咨	萬曆二十五年 八月 二十七日	287~289	이정일
59	本國固守要害鎭定人心	萬曆二十五年 八月 二十九日	289~292	이정일
60	本國査報楊捴兵守城殺賊始末	萬曆二十五年 九月 初四日	292~296	이정일

* 권22는 1597년(만력 25) 음력 7월 초순부터 9월 초순까지 조선과 명이 주고받은 문서로 구성되어 있다. 참고로, 연번 21, 22, 25, 26의 월일은 문서 작성일이 아니라 동짓날이다. 연번 22의 10월은 11월의 오기로 보인다. 연번 46, 47, 52는 작성 일자가 확인되지 않는다.

** 연번 10, 11, 12, 13, 14, 15, 16, 22, 24, 25, 26, 27, 28, 29, 30, 31은 원래 제목이 없으나 내용 구분상 方物表, 慈聖皇太后前進獻禮物狀, 中宮前進獻禮物狀, 請禮部聞奏咨, 請禮部聞奏咨, 請禮部聞奏咨, 請護送咨, 方物表, 方物表, 慈聖皇太后前進獻禮物狀, 中宮前進獻禮物狀, 請禮部聞奏咨, 請禮部聞奏咨, 請禮部聞奏咨, 請給曆日咨, 請護送咨로 각각 제목을 달았다.

1. 楊經理及時徵稅
1a-2b(147~150쪽)

欽差經理朝鮮軍務都察院右僉都御史楊,

爲 及時徵辦糗糧, 推恩優養土着, 以便接濟, 以省調發 事.

照得, 本院督師東渡, 每接王咨, 俱稱糧餉特乏, 所有中國, 水陸之運, 已經題請. 催發陸輓遼糧, 阻于道里之遠, 摘運南餉, 苦于風濤之艱. 不日土漢兵馬相啣而進, 如蓄儲不繼, 胡以應之. 往聞, 貴國徵糧, 率于深冬, 出令民間輸納, 大抵因循愆期, 此可施之平常無事之時, 而不可用之遠近徵調之日. 況倭奴原欲乘熟搶穀, 即民間亦當早爲刈穫, 早入公廩, 早置私窖, 清野以待敵, 可也. 請將今年應收稅糧, 先期責令百姓出辦, 俱于九月, 一齊運赴兵馬經行及屯駐處所, 不宜如前怠緩悞事. 若僻處郡縣運道迂迴者, 每糧一石, 不妨量減升斗准作正數, 少資車脚之費, 庶人心樂于輸納. 本院仍一面督催遼海糧運前来接濟, 以見休戚一體之義. 至于赴援馬兵糧草, 兼支一萬, 即當二萬, 爲費甚浩, 而念貴國土着柔弱, 不得不用此以壯軍聲. 顧土着之所以不振者, 非其人之本脆也, 乃貴國之兵, 皆自齎糧而食, 更番而戍, 安得不疲. 今宜以天朝養兵之法酌量, 每月每兵給糧若干,儘該國慶尙等處屯戍之兵，即以見在之糧給之不足者，陸續運輸，俾得專意習鍊，自可轉弱爲强．如將兵數並糧數處給，明白報來，將中國後調馬兵，減去一萬，庶該國之餉，可省太半以上．二款，皆目下喫緊要務，相應行會．爲此，除行參贊李德馨外，合行移咨前去，貴國煩爲查照作速施行．須至咨者．
右朝鮮國王．

萬曆二十五年七月初七日．

발신: 흠차경리조선군무도찰원우첨도어사 양(호)[1]

사유: 제때 구량(糗糧)[2]을 징발해 마련하고 은혜를 두루 미치사 (조선) 인민을 후히 돌봄으로써 (명군) 접제를 편히 하고 조발하는 일을 줄이는 일입니다.

[양호] 살펴보건대 본원[양호]은 군사를 통솔해 동쪽으로 건너오고서 국왕의 자문을 접할 때마다 전부 식량이 특히 궁핍하다고 하기에 중국의 보유분을 수륙으로 옮길 것을 이미 제본을 올려 청했습니다. 요동의 양향을 육로로 끌어가도록 재촉했으나 먼 거리로 지체되고 있어 남쪽의 양향을 징발해 운반하도록 지시했으나 바람과 파도의 난관으로 힘들어하고 있습니다. 머지않아 본토의 중국 병마가 길게 이어져 나아갈 텐데 만약 비축 군량을 잇대지 못한다면 어찌 호응할 수 있겠습니까. 이전에 귀국에서는 곡식을 징발함에 모두 한

---

1) 양호(楊鎬, ?~1629)를 가리킨다.

2) 군량의 일종으로 말린 식량을 말한다.

겨울에 민간에 명을 내려 실어다 바치라고 했다고 들었는데, 대저 구습을 따라 기일을 어긴다면 이는 평상시 아무 일이 없는 때에 시행할 수 있겠지만 (유사시) 가까운 곳에서든 먼 곳에서든 징발해야 하는 때에는 쓸 수 없습니다. 게다가 왜노(倭奴)는 원래 곡식이 익기 시작하는 때를 틈타 곡식을 약탈하고자 하니 민간에서도 마땅히 일찍부터 곡식을 거두어들여 빨리 나라의 창고에 들이거나 빨리 개인의 저장소에 두고 청야전술로 적을 대비하는 것이 좋겠습니다. 청컨대 금년에 응당 거두어야 할 세량(稅糧)을 미리 백성들에게 책임을 지워 마련하도록 해서 모두 9월에 병마가 지나는 행렬 및 주둔하는 곳으로 일제히 운반하도록 할 것이며 이전과 같이 태만히 일을 그르치는 것을 바람직하지 않습니다. 외따로 떨어진 군현의 운곡(運穀) 도로로 돌아가야 할 경우에는 곡식 1석마다 승두(升斗)의 단위를 빼고 정량으로 계산하여 수레의 비용으로 조금 보태도록 하는 것이 무방할 것이니 (그렇게 한다면) 아마도 인심이 기뻐하며 실어다 바칠 것입니다. 본원은 아울러 한편으로 요동 앞바다로 곡식을 운반해 보내서 접제하도록 독촉함으로써 동고동락하는 뜻을 보일 것입니다. 구원하러 (조선으로) 가는 마병의 군량과 마초와 관련해서는 군사 1만과 마필 1만을 합쳐 지급하면 2만 분량에 해당하니 비용이 심히 많이 듭니다만 귀국의 토착 백성이 유약한 점을 감안할 때 이 (정도의) 군량과 마초를 써서라도 군사[명군]의 기세를 왕성하게 유지해야 합니다. 반면에, 토착 인민이 부진한 까닭은 사람들이 본디 취약했던 것이 아니고 귀국의 군사가 모두 스스로 군량을 가져와 먹고 다시 번상(番上)해서 방수(防戍)하기 때문이니 어찌 피로하지 않겠습니까. 이제 마땅히 천조의 군량 지급 방식에 따라 매달 군사 1명당 얼마의 군량을 지급할 것인지를 헤아려서 해국(該國)의 경상도 등지에 주둔해 방수하는 군사에게 전부 내어주고, 만약 현재 군량의 지급이 부족한 경우에는 연이어 운반해서 전적으로 훈련에 힘쓰게 한다면 스스로 약한 상태에서 강한 상태로 전환될 것입니다. 만약 군사의 수와 지급해 처리할 군량의 수를 아울러 명백히 통보해 주신다면, 중국은 향후 조발할 마병 1만을 감하려 하니 아마도 해국의 군량 중 절반 이상을 줄일 수 있을 것입니다. 2개의 조항은 모두 현시점의 긴급한 주요 업무이니 마땅히 문서를 보내 알려야겠습니다. 이에 참찬 이덕형에게 문서를 보내는 것 외에도 마땅히 자문을 작성해 보내니 귀국에서는 번거롭더라도 살펴서 속히 시행해 주시기 바랍니다. 자문이 잘 도착하기를 바랍니다.

이 자문을 조선국왕에게 보냅니다.

만력 25년 7월 7일.

2. 囘咨
2b-3b(150~152쪽)

朝鮮國王,

爲 及時徵辦糗糧, 推恩優養土着, 以便接濟, 以省調發 事.

本年七月十四日, 准欽差經理朝鮮軍務都察院右僉都御史楊咨前事.

照得, 本院督師東渡, 每接王咨, 俱稱糧餉特乏, 所有中國, 水陸之運, 已經題請. 催發, 云云. 爲此, 除行參賛李德馨外, 合行移咨前去, 貴國煩爲查照作速施行. 等因.

准此. 當職竊照, 所據行會二款, 委係目下喫緊要務, 小邦固當刻日查照施行. 除徵糧一款, 即令戶曹行文各道觀察陪臣, 將今年應收稅糧, 先期責令百姓出辦, 于九月一齊運赴兵馬經行及屯駐處所, 若僻處郡縣運道迂迴者, 每糧一石, 着令量減升斗准作正數, 以資車脚之費外, 其鍊兵一款行, 據兵曹狀啓.

本國土瘠民貧, 不足以贍軍, 自來寓兵於農, 喫着私糧, 分班上下, 雖有部伍之名, 原無操鍊之實, 積衰因循, 遂致外寇闌入, 而莫之能禦. 即目殘破之餘, 糧餉益竭, 軍丁益少, 尙不能改弦易轍, 以爲自振之計. 今査慶尙道水陸防守官兵, 共該一萬七千餘員名, 於本道腹裏及江原道迤南地方, 收取些少稅糧, 搬運各營, 接濟支放, 其視天朝養兵之法, 霄壤不侔. 即目賊兵大勢, 渡海衝突之禍, 迫在朝夕, 而本國軍兵脆弱, 有素雖勤加操鍊, 委難責效於倉卒之際. 以此而代天兵一萬, 擬備緩急, 事恐有妨. 合無備將前因, 咨復本院, 斟酌事勢, 曲盡裁處. 相應. 等因.

具啓. 據此. 所據緣由, 理合備云咨復. 爲此, 合行回咨, 請照驗施行. 須至咨者.

右咨欽差經理朝鮮軍務都察院.

萬曆二十五年七月二十一日.

발신: 조선국왕

사유: 제때 구량(糗糧)을 징발해 마련하고 은혜를 두루 미치사 (조선) 인민을 후히 돌봄으로써 (명군) 접제를 편히 하고 조발하는 일을 줄이는 일입니다.

[조선국왕] 전사(前事)[3]와 관련해서 흠차경리조선군무도찰원우첨도어사 양(호)의 자문을 받았습니다.

[양호] 살펴보건대 본원(本院)은 군사를 통솔해 동쪽으로 건너오고서 국왕의 자문을 접할 때마다 전부 식량이 특히 궁핍하다고 하기에 중국의 보유분을 수륙으로 옮길 것을 이미 제본을 올려 청했습니다. 「운운」. 이에 참찬

3) 본 문서의 사안인 '爲及時徵辦糗糧推恩優養土着以便接濟以省調發事'를 가리킨다.

이덕형에게 문서를 보내는 것 외에도 마땅히 자문을 작성해 보내니 귀국에서는 번거롭더라도 살펴서 속히 시행해 주시기 바랍니다.

[조선국왕] 이를 받고 당직이 가만히 살펴보건대, 앞서 언급한 문서를 보내 알려온 두 조항은 실로 현시점의 주요 업무이니 소방(小邦)에서 진실로 날짜를 정하고 살펴 시행해야 할 것입니다. 곡식을 징발하는 조항과 관련해 호조로 하여금 각도 관찰사에게 문서를 보내서 금년에 응당 거두어야 할 세량을 미리 백성들에게 책임을 지워 마련하도록 해서 9월에 병마가 지나는 행렬 및 주둔하는 곳으로 일제히 운반하도록 하고, 외따로 떨어진 군현의 운곡 도로로 돌아가야 할 경우에는 곡식 1석마다 승두의 단위를 빼고 정량으로 계산하여 수레의 비용으로 보태는 것 외에도 군사를 훈련하는 조항과 관련해서는 병조의 장계를 받았습니다.

[병조] 본국의 토지는 척박하고 백성은 빈궁해 군수를 넉넉히 하기에 부족했기에 자고이래로 농민을 군사로 만들되 먹고 입는 것을 개인 군량으로 충당하도록 했고 상하로 반열을 나누었기에 비록 군진의 대오에 이름이 있기는 하지만 본디 조련하는 실정이 없어 오랫동안 쇠잔하고 구습만을 따르다가 마침내 외적이 침입하자 막을 수 없는 지경에 이르렀습니다. 지금 잔파된 나머지 곡식은 더욱 고갈되고 군정(軍丁)은 더욱 적어졌음에도 방향을 틀어 스스로 떨칠 수 있는 계책을 여전히 시행하지 못하고 있습니다. 지금 경상도의 수륙 방어 관병[조선군]을 조사해 보니 모두 1만 7천여 명으로, 본도의 내륙 지역 및 강원도 이남 지방에서 조금씩이라도 세량을 거두어 각 영으로 운반해 지급하고 접제했는데 천조의 군량 지급 방식과 비교해 보니 하늘과 땅 차이로 같지 않습니다. 지금 대규모의 적병이 바다를 건너와 침범하려는 화가 아침저녁으로 임박했으나 본국의 군사가 취약해 평소에 부지런히 조련하기는 했지만 실로 창졸간에 책임지고 성과를 내도록

하기는 어려움이 큽니다. 이 때문에 천병 1만을 대신해 급박한 상황에 대비해 쓰려고 해도 일에 지장이 될 듯합니다. 이번에 받은 위의 자문 내용과 관련해 갖추어 본원[양호]에 자문으로 회답해 사세를 짐작하고 곡진히 판단해서 처리하도록 하는 것이 어떨까 합니다.

[조선국왕] 갖춘 장계를 받고 앞서 언급한 연유를 이치상 회답의 내용으로 갖추는 것이 마땅하겠습니다. 이에 마땅히 회자하니 청컨대 살펴 주십시오. 자문이 잘 도착하기를 바랍니다.

이 자문을 흠차경리조선군무도찰원에 보냅니다.

만력 25년 7월 21일.

3. 蕭按察酌定鍰贖事規
4a-6a(153~157쪽)

欽差經理朝鮮監軍按察使蕭,

爲 酌定鍰贖事規, 以佐軍資, 以臻實效 事.

蒙欽差經理朝鮮軍務都察院右僉都御史楊憲牌.

照得, 師行粮從, 自昔所愼, 樵蘇後爨, 兵法忌焉. 目今, 東征水陸兵馬相噺進發, 合用行粮米豆, 大約日費千石有奇, 朝鮮貯蓄, 不多能供, 幾時支給. 遼海粮運艱遠, 勢或不便接應, 大軍持久, 枵腹可虞, 必須就便經營, 開例措置, 庶爲得策. 業該本院, 於是月初三日, 分付譯官表憲, 傳諭參賛李德馨, 啓王知會, 許該國富家入粟拜官, 犯罪之人納米減免, 隨處收積, 以待異日兵馬應付, 再四申諭. 去後, 隨據李德馨揭稱.

遵依所諭事件, 當即馳啓國王, 下所司奉行. 等因.

到院. 據此. 爲照, 鬻爵取鍰, 委非正大經久之體, 不過從權說法, 少舒一時燃眉之急. 中間鼓舞區畫, 似大費力, 況鮮人重罹兵燹, 愛惜家貲, 虛名固不樂爲, 罪累亦奚遑救. 玆欲感動悔悟, 令其捐資應命. 非體帖人情低昂曲當, 不可兾其必行, 行之, 未必遽效. 本院日夕念此, 相應亟行酌定，以便該國遵守．爲此，牌行該司，即將開納一節，照依彼中官品高下，裁定米石多寡，大破往昔遙授之例，並從實除內，而各寺官應納米若干外，而州牧使應納米若干，府使應納米若干，郡守應納米若干，州判官應納米若干，縣令應納米若干，縣監應納米若干，交納掣關之日，吏曹即准，以次銓選，到任管事，不得抑勒淹滯，重拂人心．事寧停止前例，以杜濫觴．又該國犯罪五等，死流徒杖笞是已．除眞正死罪不宥外，若情有可矜事干深入者，在中朝且猶原之．合聽查審明白，照例納米若干與減，流罪減徒，徒減杖·笞者，各以輕重定米，視昔一切從寬，俾之易辦．已上兩條，各分別造冊送院，以憑考証，著爲成規，咨行該國懸揭榜文，風動國人，務使感奮，爭先挽負．恐後使所在有積，大軍無詘食之憂，隨事出粮，彼此省遠輸之擾，勞逸利害相去何啻倍蓰．經理要義，惟此爲急，該司其悉心，與該國君臣速行．

蒙此．合咨前去，煩將開納一節，照依彼中官品高下，裁定米石多寡，大破往昔遙授之例，並從實除內，而各寺官應納米若干外，而州牧使應納米若干，府使應納米若干，郡守應納米若干，州判官應納米若干，縣令應納米若干，縣監應納米若干，交納掣關之日，吏曹即准，以次銓選，到任管事，不得抑勒淹滯，重拂人心．事寧停止前例，以杜濫觴．又該國犯罪五等，死流徒杖笞是已．除真正死罪不宥外，若情有可矜事干深入者，在中朝且猶原之．合聽查審明白，照例納米若干與減，罪流[4]減徒，徒減杖·笞者，各以輕重定米，視昔一切從寬，俾之易辦．已上兩條，各分別造冊，希由送司，以憑轉報施行．請勿遲緩．須至咨者．

4) 원문 속 양호의 헌패 내용과 비교할 때 유죄(流罪)로 기입해야 적합하다.

右咨朝鮮國王.

萬曆二十五年七月十九日.

발신: 흠차경리조선감군안찰사 소(응궁)[5]

사유: 돈을 바쳐 속죄하는 규정을 잘 헤아려 결정해서 군자(軍資)에 보태 실효를 이루는 일입니다.

[소응궁] 흠차경리조선군무도찰원우첨도어사 양(호)의 헌패를 받았습니다.

[양호] 살펴보건대 군사가 나아가면 곡식이 따라야 함은 옛부터 신중히 여기던 바였으니 (군사가) 땔나무와 풀을 벤 후 밥을 짓는 것은[6] 병법에서 꺼리는 것입니다. 지금 동정(東征)을 떠난 수륙 병마가 앞뒤로 이어 출발했으니 마땅히 행량에 충당되는 쌀과 콩이 대략 하루에 1,000석이 넘게 소비될 것인데, 조선의 비축으로는 많이 공급할 수 없으니 어느 때나 지급되겠습니까. 요동 앞바다로 곡식을 운반하는 길은 험하고 멀어 형세 상 혹시라도 지원이 편하지 않을 수 있고 대군이 오랫동안 버티면 굶주림이 염려되

5) 소응궁(蕭應宮, 1539~1611)이다. 호는 관복(觀復)으로 소주부(蘇州府) 상숙현(常熟縣) 태생으로 갑술년에 진사가 되었다. 1597년 7월에 흠차정칙요양등처해방병비산동안찰사(欽差整勅遼陽等處海防兵備山東按察使)로 조선에 나왔다. 당시 전쟁 재발에 대한 책임으로 심유경이 체포되자 구해 주고자 했다. 이에 요동순안어사의 탄핵을 받았고 삭직돼 9월에 돌아갔다. 신흠, 『象村稿』 卷39 志 「天朝詔使將臣先後去來姓名記自壬辰至庚子, 楊萬兩經理以下諸官一時往來各衙門」. 조선 조정에서도 정유재란 당시 일본군이 심유경을 통해 전쟁을 지연시키고자 했다고 판단했는데 그와 밀접한 관계를 맺고 있던 소응궁도 이러한 심유경의 행보에 동조했을 가능성이 있다고 의구심을 품었다. 『宣祖實錄』 卷92, 宣祖 30年 9月 癸卯(16日).

6) 원문의 '樵蘇後爨'은 멀리 떨어진 군사에게 군량을 제대로 보급하지 못해 땔거리를 장만한 뒤에 밥을 짓게 한다면 군사가 충분히 먹을 수 없게 된다는 의미로 쓰인다. 『六韜三略』 「三略」, 上略 "軍讖曰, 用兵之要…. 千里饋糧, 士有饑色, 樵蘇後爨, 師不宿飽"

니 반드시 편리한 쪽으로 경영하는 선례를 만들어 조치해야 훌륭한 계책이 될 것입니다. 본원(양호)은 이미 해당 사안을 이번 달 3일 역관 표헌에게 분부해서 참찬 이덕형에게 유시를 전해 국왕께 '해국(該國)의 부유한 가호에서 납속하면 관직을 제수하고 범죄인이 납미(納米)하면 죄를 감면해 도처에 군량을 거두어 쌓아놓았다가 마땅히 훗날의 병마[명군]을 기다려 지급하십시오.'라는 계문으로 아뢰어 알리도록 했는데, 여러 번 되풀이해서 효유했습니다. 그 후 뒤이어 이덕형의 게첩을 받았습니다.

[이덕형] 유시한 안건에 따라 준행해서 즉시 국왕에 치계하니, (국왕께서) 담당 부처에서 봉행하도록 명을 내리셨습니다.

[양호] (게첩이) 본원[양호]에 도착했습니다. 이를 받고 살펴보건대 관작을 팔고 돈으로 속죄하는 일은 실로 정대하고 오랫동안 지킬 체통은 아니고 권도를 따라 법을 설행해 한 때의 눈썹이 타는 듯한 위급함을 조금 덜고자 하는 데 불과합니다. 군사를 고무하고 계책을 구획하는 과정에서 물력이 많이 소모되는데 하물며 조선인들이 거듭 병화를 겪어 가산을 아끼는 상황이니 헛된 명성을 참으로 좋아할 것이 아닙니다만 죄에 연루된 자는 또한 어느 때에 구제될 수 있겠습니까. 이는 감동하고 뉘우치도록 해서 (그들 스스로) 자산을 덜어내 명령에 부응하도록 하려는 것입니다. 오르내리는 인심을 체득해 온당하게 맞추지 못한다면 반드시 이루어지리라 기약할 수 없을 것이고 또한 행한다고 해도 대번에 효과를 보기를 기대할 수 없을 것입니다. 본원이 밤낮으로 이를 생각해 보건대 마땅히 속히 잘 헤아려 해국이 준수해야 할 것입니다. 이에 해사[소응궁][7]에 패를 보내니 즉시 곡식을 받는 절

---

7) 원문의 '該司'는 소응궁을 가리킨다. 권22에서 소응궁은 조선으로 보내는 자문에 자신의 직책을 欽差經理朝鮮監軍按察使로 표기했으나 조선에서는 소응궁의 자문에 대한 답신을 보낼 때 欽差經理朝鮮監軍按察司로, 곧 사(使)가 아닌 사(司)로 표기한 경향이 확인된다.

목과 관련해서 그 나라의 관품 고하를 따라 미석(米石)의 많고 적음을 재단해 결정하고 예전에 멀리 있는 이에게 관직을 수여하는 전례를 크게 혁파해 모두 아울러 해당 지역의 실직을 제수하되 각 시(寺) 관원직에 상응하는 납미 얼마 외에, 주 목사직에 상응하는 납미 얼마, 부사직에 상응하는 납미 얼마, 군수직에 상응하는 납미 얼마, 주 판관직에 상응하는 납미 얼마, 현령직에 상응하는 납미 얼마, 현감직에 상응하는 납미 얼마를 (납속자가 해당 납미를) 끌고 오면 이조에서 곧바로 준허하고 차례로 전형해서 임지로 보내 정사(政事)를 관리하도록 하며 억지로 지체해 인심을 거듭 뿌리치지 않도록 해야 할 것입니다. 사태가 안정되면 전례를 정지시켜 (곡식을 받고 관직을 수여하는) 단초[8]를 막는 것이 낫겠습니다. 또한 해국의 범죄는 다섯 등급으로 사형·유형·도형·장형·태형이 그것입니다. 진정으로 사형에 해당하는 죄라서 용서하지 못하는 경우를 제외하고, 만약 사건에 깊이 관련된 자에게 가엽게 여길 만한 정황이 있다면 중조[명]에서도 또한 오히려 놓아줍니다. 마땅히 명백하게 조사하고 심의한 것을 듣고 전례를 살펴 미곡 얼마를 납부할 경우 감형해서 유형에 해당하는 죄는 도형으로 감형하고 도형은 장형·태형으로 감형하되 각각 (죄의) 경중에 따라 납부할 미곡의 양을 정한다면 과거의 일체 관대히 봐주는 경우와 비교해서 어렵지 않게 처리할 수 있을 것입니다. 이상의 두 개 조항을 각각 분별해 책자로 만들어 본원으로 보내 이를 근거로 고증해 정식 규례로 수립하고 해국에 자문을 보내 방문(榜文)을 내걸어 나라 사람들을 감화시켜 마음으로부터 분발해 앞을 다투어 미곡을 끌어오고 지고 오도록 힘쓰십시오. 나중에 주둔하

8) 원문의 '濫觴'은 잔을 넘칠 정도의 적은 물을 가리키며 일의 시초를 뜻한다. "강이 처음 민산에서 시작될 때 그 근원은 잔에 넘칠 만큼이다"라는 고사에서 비롯되었다. 『孔子家語』, 三恕 "江始出於岷山, 其源可以濫觴."

는 곳마다 곡식을 쌓아두도록 해서 대군[명군]에게 식량이 모자라는 걱정이 없도록 해야 할 듯한데, 사안에 따라 식량을 낸다면 피차 멀리서 실어 보내는 번거로움을 줄이게 될 것이니 수고로움과 편안함 그리고 이로움과 해로움의 차이가 어찌 몇 배뿐이겠습니까. 경리하는 핵심으로 이것이야말로 가장 긴급하니 해사는 마음을 다해 해국의 군신과 더불어 속히 시행하십시오.

[소응궁] 이를 받고 마땅히 자문을 보내니 번거롭더라도 납속을 받는 절목과 관련해서 그 나라의 관품 고하를 따라 미석(米石)의 많고 적음을 재단해 결정하고 예전에 멀리 있는 이에게 관직을 수여하는 전례를 크게 혁파해 모두 아울러 해당 지역의 실직을 제수하되 각 시(寺) 관원직에 상응하는 납미 얼마 외에, 주 목사직에 상응하는 납미 얼마, 부사직에 상응하는 납미 얼마, 군수직에 상응하는 납미 얼마, 주 판관직에 상응하는 납미 얼마, 현령직에 상응하는 납미 얼마, 현감직에 상응하는 납미 얼마를 (납속자가 해당 납미를) 끌고 오면 이조에서 곧바로 준허하고 차례로 전형해서 임지로 보내 정사(政事)를 관리하도록 하며 억지로 지체해 인심을 거듭 뿌리치지 않도록 해야 할 것입니다. 사태가 안정되면 전례를 정지시켜 (곡식을 받고 관직을 수여하는) 단초를 막는 것이 낫겠습니다. 또한 해국의 범죄는 다섯 등급으로 사형·유형·도형·장형·태형이 그것입니다. 진정으로 사형에 해당하는 죄라서 용서하지 못하는 경우를 제외하고, 만약 사건에 깊이 관련된 자에게 가엽게 여길 만한 정황이 있다면 중조[명]에서도 또한 오히려 놓아줍니다. 마땅히 명백하게 조사하고 심의한 것을 듣고 전례를 살펴 미곡 얼마를 납부할 경우 감형해서 유형에 해당하는 죄[9]는 도형으로 감형하고 도형은 장형·태형으로 감형하되 각각 (죄의) 경중에 따라 납부할 미곡의 양을 정한다면 과거의 일체 관대히 봐주는 경

9) 원문 속 소응궁의 요청 내용에서 나오는 '罪流減徒'는 양호의 헌패 속 지시 내용과 비교할 때 '流罪減徒'의 오류로 보여진다.

우와 비교해서 어렵지 않게 처리할 수 있을 것입니다. 이상의 두 개 조항을 각각 분별해 책자로 만들고 바라건대 사유를 사[소응궁]로 보내셔서 이를 근거로 전보(轉報)할 수 있도록 해 주십시오. 청컨대 지연시키지 마십시오. 자문이 잘 도착하기를 바랍니다.

이 자문을 조선국왕에게 보냅니다.

만력 25년 7월 19일.

4. 回咨

6a-8a(158~161쪽)

朝鮮國王,

爲 酌定鍰贖事規, 以佐軍資, 以臻實效 事.

本年七月十七日 准欽差經理朝鮮監軍按察使蕭咨.

蒙欽差經理朝鮮軍務都察院右僉都御史楊憲牌.

照得, 師行糧從, 自昔所慎, 云云.

已上兩條,[10] 各分別造册, 希由送司, 以憑轉報施行. 請勿遲緩. 等因.

准此. 查照, 先該, 本月十四日, 據經理都察院伺候陪臣李德馨狀啓.

節蒙經理老爺分付, 中朝有納米除官贖罪之規, 你國當此糧餉乏急之時, 宜且破格從權, 其納粟多者, 文官除某職, 武官除某官, 秀才除某職, 其有知縣知府能納米, 而又能多運者陞某級, 且有罪者許除, 有役者許免, 以廣得粟之路. 等因.

具啓. 據此. 行間, 今該前因. 竊照, 小邦自經兵禍, 田土抛荒, 粮餉匱竭.

10) '已上兩條' 앞에는 소응궁이 양호의 지시를 받아 조선국왕에게 전달한 앞의 문서 3의 후반부 내용인 '蒙此. 合咨前去, ~俾之易辨.' 부분이 생략됐다.

至於軍兵, 則雖人民死亡, 僉點遺丁, 猶可得萬數之數, 而爲緣粮乏, 不得坐營, 常鍊散兵, 於農任其自食, 故技藝不熟, 防守多缺. 今日禦敵之策, 粮餉最急, 當職, 自未有咨會之先, 與該管陪臣, 將開納一事, 極意料理, 苟可以得粟, 即毋論正大從權之體, 可暫可久之政, 率意行之. 至於鬻獄, 則不敢並免死刑, 而官爵, 則至不惜宰樞重秩, 自戶·刑·工三曹參判, 下至九品參奉, 視所納多少, 爲之差除, 就其中稍有才幹者, 俱爲實授, 已經到任管事. 而但小邦原係貧國, 重經兵火, 民間蓄積不多, 名爲富民者, 謹贍一家百口之費. 若准粟稍多, 則應納者絕無, 不得已低其數目, 以此費官多, 而得粟少. 至如作罪之徒, 則多在無賴光棍, 雖令取鍰, 所納尤少, 此上裒聚零星, 不足以接濟軍前. 況今天朝節次出兵, 凡干供給自當儘力需應, 不敢但恃天粮, 即遵依咨內事理, 更加經理. 仍令吏·戶·兵·刑四曹陪臣, 將該納粟除職及免役·免罪等條, 刻日酌議施行, 務使國人感奮爭先. 仍將兩條分別造册, 一併投呈, 以憑轉報外, 擬合咨復. 爲此, 合行回咨, 請照驗轉報施行. 須至咨者.
右咨欽差經理朝鮮監軍按察司.

萬曆二十五年七月二十四日.

발신: 조선국왕
사유: 돈을 바쳐 속죄하는 규정을 헤아려 결정해서 군자(軍資)에 보태 실효를 이루는 일입니다.

[조선국왕] 본년 7월 17일 흠차경리조선감군안찰사 소(응궁)의 자문을 받았

습니다.

[소응궁] 흠차경리조선군무도찰원우첨도어사 양(호)의 헌패를 받았습니다.

[양호] 살펴보건대 군사가 나아가면 곡식이 따라야 함은 옛부터 신중히 여기던 바였으니 「운운」.

[소응궁] 이상의 두 개 조항을 각각 분별해 책자로 만들고 바라건대 사유를 사(司)로 보내셔서 이를 근거로 전보(轉報)할 수 있도록 해 주십시오. 청컨대 지연시키지 마십시오.

[조선국왕] 이를 받고 살펴보니 이보다 앞서 본월 14일 경리도찰원사후배신 이덕형의 장계를 받았습니다.

[이덕형] 여러 차례 경리 노야로부터 "중조[명]에서는 미곡을 받아 관리를 임명하거나 속죄하는 규례가 있는데 그대의 나라에서는 이처럼 곡식이 부족하고 긴급한 때를 맞이해 마땅히 또한 상규를 혁파하고 권도를 따라 많이 납속하는 자 중에 문관은 모직(某職)을 제수하고 무관은 모관(某官)을 제수하고 수재(秀才)[11]는 모직을 제수하고 지현(知縣) 또는 지부(知府) 중에 납미를 하거나 또한 많이 운반한 이가 있다면 몇 등급 승진시키며, 또한 죄가 있는 자와 역을 져야 할 자에게는 면제를 허락해서 곡식을 얻는 경로를 넓히도록 하십시오."라는 분부를 받았습니다.

[조선국왕] 갖춘 장계를 받고서 이를 시행하는 동안 이번에 위의 자문을 받았습니다. 살펴보건대 소방은 병화(兵禍)를 겪은 이래 전토(田土)가 황폐해지고 곡식이 고갈되었습니다. 군사에 이르러서는 비록 인민이 사망했어도 남아있는 장정을 가려 뽑아 오히려 1만여의 숫자를 얻을 수 있었으나 곡식이 부족했기 때문에 진영에 머무르도록 할 수 없었고 늘 산병(散兵)으로[12] 훈련시키면서

11) 일반적으로 명나라에서 생원 또는 회시 합격자를 가리키는 말로 쓰였다.

12) 문맥상 비상비군을 뜻한다.

농사를 통해 스스로의 군량을 맡긴 까닭에 기예가 숙련되지 못하고 방어에 틈이 많이 생겼습니다. 오늘날 적을 막는 계책은 양향이 가장 긴급해서 당직이 자문으로 알려주시기 이전부터 담당 배신(陪臣)과 함께 납속하는 곡식을 받는 일과 관련해 전심으로 헤아려 처리하고자 했으니, 진실로 곡식을 얻을 수만 있다면 정대함과 변통 중 체모(의 여부) 그리고 일시적으로 시행할 정사인지 지속 가능할 정사인지를 따지지 않고 성심을 다해 시행할 것입니다. 돈을 받고 죄를 감하는 일에 이르러는 감히 사형까지 아울러 감면해 줄 수는 없었지만 관작은 심지어 재추(宰樞)[13]의 높은 직질을 아끼지 않고 호조·형조·공조 참판에서부터 아래로는 9품의 참봉에 이르기까지 납부하는 양의 다소를 살펴 이에 따라서 임명하고 그중에 조금 재간이 있는 자에게 모두 실직을 제수해 이미 임지로 보내 정사를 관리하도록 했습니다. 다만 소방은 원래 가난한 나라인데 거듭 전란을 겪어 민간의 비축이 많지 않고 명목상 부민(富民)이라고 하는 자들도 겨우 한 가문(내)의 여러 사람에게 쓸 수 있는 정도로만 여유가 있습니다. 만약 (관직에) 준하는 납속량이 좀 더 많을 경우 납속에 응하려는 자들이 전혀 없을 것이라 부득이하게 그 수량을 저감했는데 이 때문에 소비되는 관직은 많지만 획득하는 미곡은 적습니다. 죄를 지은 무리의 경우, 무뢰한이 많이 있어 비록 속전(贖錢)을 내도록 명령해도 납속하는 바가 더욱 적어 이 이상 모을 것들은 수효가 많지 않아 군전(軍前)으로 접제하기에 부족합니다. 더구나 지금 천조(天朝)에서 차례로 출병하고 있고 대개 (군량의) 공급에 관계된 일은 (소방이) 마땅히 스스로 힘을 다해 수요에 부응해야 하며 감히 천량(天糧)에만 의지해서는 안 될 것이니, 자문 내 사리에 따라 준수하고 더욱더 조치하겠습니다. 덧붙여 이조·호조·병조·형조 4조 배신으로 하여금 납속으로 직급을 제수하는 조항과 면역·면죄하는 조항과 관련해서

13) 의정부와 육조의 2품 이상 관직을 지칭한다.

기한을 정해 헤아려 의논하고 시행해 온 나라 사람이 앞다투어 힘써 마음 깊이 분발하도록 하겠습니다. 덧붙여 2개 조항을 분별해 책자로 만들어 빠짐없이 정문으로 송부해 이를 근거로 전보(轉報)하도록 하는 것 외에도 헤아려 보건대 마땅히 자문으로 회답해야 하겠습니다. 이에 마땅히 회자하니 청컨대 살펴 전보(轉報)해 주십시오. 자문이 잘 도착하기 바랍니다.

이 자문을 흠차경리조선감군안찰사에 보냅니다.

만력 25년 7월 24일.

5. 蕭按察教演武藝

8a-8b(161~162쪽)

欽差經理朝鮮監軍按察使蕭,

爲 倭情 事.

據兵曹判書李恒福呈稱.

小邦兵馬雖極單弱, 若遇用兵時, 敢不聽候天朝大將分付. 隨發南兵隊中, 演習武藝. 等情.

到司. 據此. 看得, 朝鮮軍兵久弛, 不諳武藝, 相應選調教演. 爲此, 合行移咨前去, 煩爲轉行八道, 每道挑選精健伶俐軍兵五十名, 火速前來, 赴統領南兵吳副將處, 隨營教演武藝熟閑, 仍發該道教演各兵, 以備征戰施行. 請勿遲緩. 須至咨者.

右咨朝鮮國王.

萬曆二十五年七月二十一日.

발신: 흠차경리조선감군안찰사 소(응궁)
사유: 왜정(倭情)에 관한 일입니다.

[소응궁] 병조판서 이항복으로부터 다음과 같은 내용의 정문을 받았습니다.

[이항복] 소방의 군사가 비록 지극히 단약하더라도 군사를 부릴 때가 되면 감히 천조(天朝) 대장의 분부를 기다리지 않겠습니까. 곧바로 남병 군사 중에서 선발해 무예를 연습하도록 하십시오.

[소응궁] (이와 같은 내용의 정문이) 본사[소응궁]에 도착했습니다. 이를 받고 살펴보건대 조선의 군사가 오랫동안 느슨해져 무예에 밝지 못하니 마땅히 선발해 가르쳐 연습하도록 해야겠습니다. 이에 마땅히 이자해 보내니 번거롭더라도 팔도에 문서를 전달해 각 도(道)에서 건장하고 총명한 정예병 50명을 가려 뽑아 속히 보내 남병을 통솔하는 오부장(吳副將)[14] 진영으로 나아가 영(營)을 따라 익숙하고 능란해지도록 무예를 가르쳐 연습시키고, 이어서 각 도(道)로 (돌려) 보내 모든 군사를 훈련시킴으로써 전투에 대비할 수 있도록 하십시오. 청컨대 지연시키지 마십시오. 자문이 잘 도착하기를 바랍니다.

이 자문을 조선국왕에게 보냅니다.

만력 25년 7월 21일.

---

14) 오유충(吳惟忠, ?~?)이다.

6. 回咨

8b-9b(162~164쪽)

朝鮮國王,

爲 倭情 事.

本年七月二十一日, 准欽差經理朝鮮監軍按察使蕭咨前事.

據兵曹判書李恒福呈稱. 云云.[15] 等因.

准此. 當職竊照, 小邦蒙天朝顧念之恩, 日前有総督軍門孫選委教師, 先後共一百餘員名, 仍令遊擊將軍胡統領前来. 因此, 於各道州縣, 略設教場, 召募民壯, 演習南兵技藝. 今又遵依咨內事理, 責令兵曹, 將該教演軍兵, 除平安·咸鏡·江原三道, 道里窵遠, 糧餉難繼, 慶尙一道與賊對壘, 防禦緊急, 俱不挑選外, 轉行黃海·忠清·全羅三道及京城, 坐營陪臣, 各挑選精健伶俐的五十名, 刻日送赴統領南兵副総兵吳處, 演習各操武藝, 待伊熟閑, 派送各道, 一以教十, 十以教百, 以備緩急之用外, 擬合咨復. 爲此, 合行囬咨, 請照驗施行. 須至咨者.

15) '云云.' 앞에는 소응궁의 조치 사항이 담긴 문서 5의 후반부 내용인 '到司. 據此. 看得, ~ 請勿遲緩.' 부분이 생략됐다.

右咨欽差經理朝鮮監軍按察司.

萬曆二十五年七月二十四日.

발신: 조선국왕
사유: 왜정에 관한 일입니다.

[조선국왕] 본년 7월 21일 전사(前事)[16]와 관련해서 흠차경리조선감군안찰사소(응궁)의 자문을 받았습니다.

[소응궁] 병조판서 이항복으로부터 다음과 같은 정문을 받았습니다. 「운운」. [조선국왕] 이를 받고 당직이 살펴보건대, 소방은 천조로부터 염려해 돌보아주는 은혜를 입었기에 일전에 총독군문 손광[17]이 교관을 뽑아 전후로 모두 100여 명이 됐고 덧붙여 유격장군 호대수로 하여금 통솔해 보내도록 했습니다.[18] 이로 인해 각도의 주현(州縣)에서는 약식으로 교련장을 설치하고 백성중에서 장정을 모집해 남병의 기예를 연습했습니다. 지금 다시 자문 내 사리에 따라 준수해 군사들을 가르치고 연습시키는 사안에 대해 병조에 책임을 맡기되 평안도·함경도·강원도 3도는 길이 멀어 곡식을 잇대기 어렵고 경상도는 적과 대치해서 방어가 긴급하므로 (4도에서는) 아예 선발하지 못하는 것 외에도, 황해도·충청도·전라도 3도 및 경성(京城)에 문서를 전달해 진영에

16) 본 문서의 사안인 '爲倭情事'를 가리킨다.
17) 흠차총독계료보정등처군무겸리양향경략어왜도찰원우도어사겸병부우시랑 손광(孫鑛, 1543~1613)이다.
18) 이와 관련해 1595년 조선 조정에서 접반관을 차출했고 선조는 유격 호대수(胡大受)를 접견했다. 『宣祖實錄』 卷64, 宣祖 28年(1595) 6月 丁卯(26日); 『宣祖實錄』 卷65, 宣祖 28年(1595) 7月 丙申(25日)

머무르는 배신으로 하여금 건장하고 총명한 정예병 50명을 가려 뽑아 날을 정해 남병을 통솔하는 부총병 오(유충)에게로 나가 각종 무예를 연습시키고 이들이 숙련되면 각 도로 파송해 한 사람으로 열 사람을 가르치도록 하며 열 사람이 백 사람을 가르치도록 함으로써 급박한 사안의 운용에 대비하도록 하는 것 외에도 헤아려 보건대 마땅히 자문으로 회답해야 했습니다. 이에 마땅히 회자하니 청컨대 살펴 주십시오. 자문이 잘 도착하기를 바랍니다.

이 자문을 흠차경리조선감군안찰사에 보냅니다.

만력 25년 7월 24일.

7. 賊情奏文

9b-13a(164~171쪽)

朝鮮國王臣姓諱 謹奏,

爲 緊急倭情 事.

該萬曆二十五年七月初八日, 據陪臣慶尙等道都體察使李原翼馳啓.

該金海府使白士霖飛報.

據被脅人崔億告稱.

自本年六月二十三日以後, 有賊船不記其數, 過海前來, 於釜山·竹島等處抛泊. 又看得, 過海賊衆, 於竹島空地, 多造房屋, 俱說稱, 新穀成熟, 方行廝殺.

又該本日, 據陪臣慶尙道觀察使李用淳馳啓.

該梁山郡守金克裕飛報.

據哨探人南山壽告稱.

本年六月二十九日, 有賊船一百餘隻, 自日本過海前来, 內三十餘隻, 於釜山浦抛泊, 七十餘隻向加德島行使. 又聽得, 近日平義智, 亦自那邊過海前來.

又該本月十一日，據陪臣慶尙道觀察使李用淳馳啓.

該走回人金原等三名供稱.

俱係本道晉州人民，在賊中時，聽得，有關白約束諸將，要於八月內，分三路進搶，一則由右道向全羅道，一則由密陽，一則由左道，俱直向京城，而關白進駐郎古耶，爲督戰，計築城將完. 又調一十九州兵衆，進駐對馬島，將要一齊渡海. 關白又密約說稱，與朝鮮，陽爲講和，以懈其心，出其不意，直擣腹裡. 又有行長，於本年六月內，發打細倭子一十名，分入各道，探視本國軍兵多少，築城形勢，而一十名內七箇倭子，先還說稱，密見朝鮮留駐降倭，俱說道待候倭兵發動，要行內應.

又該本月十四日，據陪臣慶尙等道都體察使李原翼馳啓.

該梁山郡副將黃應貞飛報.

據哨探人鄭大民告稱.

密訪得，該本月初七日，有竹島賊將及伊管下倭兵，駕坐船五十餘隻，自日本過海前來，於釜山浦下卸，仍自本浦發向竹島. 又該本月初八日，有賊將行長管下倭兵，不記其數，自釜山從旱路進到仇法谷，過江向熊川行走. 又該本日，有賊船六百餘隻，自日本過海前来，於釜山浦前洋拋泊. 又該本月初九等日，有賊舩不記其數，自那邊過海前來.

又該本月十五日，據陪臣慶尙左道兵馬節度使成允門馳啓.

該蔚山郡守金太虛飛報，

據哨探人金仍福等告稱.

密訪得，有西生浦副將喜八說稱.

日本兵馬, 當先向全羅地方·慶州等處, 人民勿爲騷動.

又有西生浦被脅人等說稱.

日本兵衆, 大勢前來, 要於本浦城外, 別設一營.

又該本月十七日, 據陪臣慶尙等道都體察使李原翼馳啓.

該金海府使白士霖飛報.

據被脅人崔億告稱.

本月初六日, 有賊船五百餘隻, 自那邊過海, 於加德島前洋, 望見本國兵船, 轉向釜山浦下卸, 從旱路行走, 初七日, 進到竹島營裏. 本月初九日, 又有賊船一千餘隻, 於釜山浦下卸, 亦從旱路那入竹島. 各等因.[19]

具啓. 據此. 查照, 先該, 本年六月內, 據陪臣慶尙等道都巡察使權慄馳啓.

該哨探人朴粉等告稱.

有被擄人等說稱.

賊船不記其數, 於對馬島·郎古耶等處, 待候風汛. 等因.

具啓. 據此. 已經查報統領遼兵副總兵楊元, 以憑轉報總督經理等衙門. 去後, 今該前因, 臣竊照, 本賊聲言, 大衆聚於郎古耶·對馬島等處, 將要候汛渡海者已久, 而即據各該哨報, 許多船隻節次過海, 雖其日期差異, 多寡不等, 其大勢渡海則無疑, 而繼來船隻, 又復陸續不絶, 計其賊數, 必不啻萬而已. 衝突之禍, 迫在朝夕, 幸蒙皇上大恩, 先來南北官兵已駐箚南原·忠州等處, 小邦之人得倚以爲恃, 賊且知畏, 不敢即動, 使小邦暫得支

19) '각각의 문서에서 보고한 내용이 이와 같습니다' 내지는 '각각 이러한 등의 사유로 장계를 갖추어 올렸습니다'라는 의미로 해석할 수 있다. 본 자문에서 다양한 인물의 장계를 인용하고 보고 내용을 열거하기에 종결 어구의 투식을 표지함으로써 특정 사안에 대한 열거 및 논의가 일단락됨을 명시했다.

撈, 臣不勝感激. 第念, 南原駐箚遼兵三千, 忠州駐箚南兵四千, 近遊擊陳愚衷所領兵馬, 派往忠淸道公州者二千, 并京城駐箚總兵麻貴, 所統兵馬三千, 總計一萬二千餘員名, 遊擊頗貴·擺賽兵馬五千, 雖復畢集, 較之賊數, 亦恐衆寡不敵. 小邦軍兵, 雖有束伍數萬之數, 而脆弱不堪戰用, 原調水陸官兵, 必須催併前進, 剋期夾勦, 方可全勝. 但念, 小邦粮餉, 雖賣鬻勸借, 百計措辦, 原數不多, 兼又近來支消者, 已居三分之一, 天朝粮餉水陸運来者, 若稍遲時月, 所據各營軍餉, 委難接濟, 必致悞事. 臣日夜憂灼, 不知所以爲計. 懇乞聖明命下該部, 商量賊勢, 從長區處. 及伊兇鋒未肆之先, 亟行勦殲, 則小邦幸甚, 天下幸甚. 緣係緊急賊情事理, 爲此, 謹具奏聞.

右謹奏聞, 伏候聖旨. 萬曆二十五年七月二十四日. 朝鮮國王臣姓諱.

발신: 조선국왕 신 이(李) 휘(諱)는 삼가 상주합니다.
사유: 긴급한 왜정에 관한 일입니다.

[조선국왕] 만력 25년(1597) 7월 8일 배신 경상등도도체찰사 이원익[20]의 치계를 받았습니다.

[이원익] 김해부사 백사림의 비보를 받았습니다.

[백사림] 피협인(被脅人) 최억이 다음과 같이 보고했습니다.

[최억] 본년 6월 23일 이후부터 수를 헤아릴 수 없을 만큼 많은 적선

20) 이원익(李元翼)의 '元'을 기휘해서 '原'자로 표기했다. 권22의 이원익(李原翼)은 모두 이원익(李元翼)을 가리킨다.

들이 바다를 건너와서 부산·죽도(竹島) 등지에 닻을 내렸습니다. 또한 살펴보니 바다를 건넌 적의 무리가 죽도의 공터에 건물을 많이 짓고 있었는데 모두 "햇곡식이 익으면 이제 곧 치열한 전투를 벌일 것이다." 라고 했습니다.

[조선국왕] 또한 같은 날 배신 경상도관찰사 이용순의 치계를 받았습니다.

[이용순] 양산군수 김극유의 비보를 받았습니다.

[김극유] 초탐인(哨探人) 남산수가 다음과 같이 보고했습니다.

[남산수] 본년 6월 29일 어떤 적선 100여 척이 일본에서 바다를 건너왔고, 그중 30여 척이 부산포에 닻을 내렸고 70여 척은 가덕도를 향해 움직였습니다. 또한 들으니 요즈음 타이라노 요시토시(平義智)[21] 또한 그곳(일본)에서 바다를 건너온다고 합니다.

[조선국왕] 또한 본월 11일에 배신 경상도관찰사 이용순의 치계를 받았습니다.

[이용순] 주회인 김원 등 3명이 다음과 같이 공초했습니다.

[김원 등] (저희는) 모두 진주의 인민인데 적중에 있을 때 "관백[22]이 제장(諸將)에게 약속했는데 8월 중 3개 경로로 공격해 들어가되 한쪽은 경상우도를 거쳐 전라도로 향하도록 하고 한쪽은 밀양을 거치고 한쪽은 경상좌도를 거쳐 모두 경성(京城)으로 곧바로 향할 것이며 관백이 나고야[23]에 진주해 전쟁을 독려할 것인데 계획한 (나고야) 축성이 곧 완성될 것이다. 또한 19주(州)의 뭇 군사를 조발해 쓰시마에 진주하도록 하고 장

---

21) 소 요시토시(宗義智, 1568~1615)를 가리킨다.

22) 도요토미 히데요시(豊臣秀吉, 1537~1598)를 가리킨다. 히데요시는 1585년 일본 조정으로부터 간바쿠(關白) 즉 관백에 임명됐는데 1591년 조카인 도요토미 히데츠구에게 관백의 자리를 물려 준 뒤 다이코(太閤)로 임명됐다. 鈴木良一, 『豊臣秀吉』, 岩波新書 73, 218쪽, 1954.

23) 전쟁 당시 일본군 출진 기지가 있던 북큐슈 사가현에 위치한 나고야(名護屋)를 가리킨다.

차 바다를 일제히 건너도록 할 것이다. 관백이 또한 은밀히 '조선과 겉으로 강화해 그 마음을 느슨하게 해서 그 생각지 못한 바로 나아가 바로 (조선의) 내지를 짓찧을 것이다.'라고 약조했다. 또한 유키나가가[24] 본년 6월 중에 왜인 첩자 10명을 파견해 (조선) 각 도로 나누어 들여보내 본국 군병의 많고 적음과 축성 상황을 탐지하도록 했는데 10명 중 7인의 왜인이 먼저 돌아와 '조선에 머무르고 있는 항왜(降倭)를 몰래 만나보았는데 모두 왜군이 움직이기를 기다려 내응하고자 한다.'라고 말했다."라고 들었습니다.

[조선국왕] 또한 본월 14일에 배신 경상등도도체찰사 이원익의 치계를 받았습니다.

[이원익] 양산군 부장(副將) 황응정의 비보를 받았습니다.

[황응정] 초탐인 정대민이 다음과 같이 보고했습니다.

[정대민] 몰래 찾아가 탐색해 보니 본월 7일 죽도의 적장과 그 휘하 왜군이 50여 척의 배에 올라 일본으로부터 바다를 건너와 부산포에 닻을 내렸다가 이어서 본포[부산포]에서 죽도로 출발했습니다. 또한 본월 8일에 적장 유키나가 휘하 왜군이 그 수를 헤아릴 수도 없이 부산으로부터 육로를 따라 구법곡(仇法谷)[25]에 이르러 강을 건너 웅천 쪽으로 행군했습니다. 또한 같은 날 적선 600여 척이 일본으로부터 바다를 건너와서 부산포 앞바다에 정박하고 있습니다. 또한 본월 9일을 포함한 며칠 동안 그 수를 헤아릴 수도 없을 만큼 많은 적선이 저쪽에서 바다를 건너왔습니다.

[조선국왕] 또한 본월 15일에 배신 경상좌도병마절도사 성윤문[26]의 치계를

24) 고니시 유키나가(小西行長, ?~1600)를 가리킨다.

25) 부산의 구포(龜浦)에서 낙동강을 거쳐 김해로 나가는 길목이다.

받았습니다.

[성윤문] 울산군수 김태허의 비보를 받았습니다.

[김태허] 초탐인 김잉복 등이 다음과 같이 보고했습니다.

[김잉복 등] 몰래 찾아가 탐색해 보니 서생포의 부장 희팔(喜八)[27]이라는 자가 다음과 같이 말했습니다.

[희팔] 일본의 군사가 먼저 전라지방과 경주 등지로 향할 것이니 마땅히 인민은 소란하지 말아야 할 것이다.

[김잉복 등] 또한 서생포의 피협인들이 다음과 같이 말했습니다.

[서생포 피협인] 일본의 뭇 군사들이 대규모로 와서 본포[서생포]의 성 밖에서 따로 한 개의 영을 설치했습니다.

[조선국왕] 또한 본월 17일에 배신 경상등도도체찰사 이원익의 치계를 받았습니다.

[이원익] 김해부사 백사림의 비보를 받았습니다.

[백사림] 피협인 최억이 다음과 같이 보고했습니다.

[최억] 본월 6일 적선 500여 척이 저쪽 경계에서 바다를 건너 가덕도 앞바다에서 본국의 군사와 전선을 살펴보다가 방향을 변경해 가서 부산포에서 내려 육로를 따라 나아가 7일 죽도의 본진에 도착했습니다. 본월 9일 또한 적선 1천여 척이 부산포에서 내려 또한 육로를 따라 이동해 죽도로 들어갔습니다.

[조선국왕] 갖춘 장계를 받고서 살펴보니 이보다 앞서 본년 6월 배신 경상등도도순찰사 권율의 치계를 받았습니다.

[권율] 초탐인 박분 등이 다음과 같이 보고했습니다.

26) 성윤문(成允文, ?~?)이다. '文'자를 기휘해서 門(문)으로 표기했다.

27) 가토 기요마사의 부하 미노베 기하치로(美濃部喜八郞, ?~?)를 지칭한다.

[박분 등] 피협인 등이 다음과 같이 말했습니다.

[피협인 등] 적선이 수를 헤아릴 수도 없이 많이 쓰시마·나고야 등지에서 봄의 순풍을 기다리고 있습니다.

[조선국왕] 갖춘 장계를 받고서 이미 조사해서 통영요병부총병(統領遼兵副總兵) 양원에게 보고하고 이를 근거로 총독경리 등 아문에 전보(轉報)했습니다. 이러한 조치를 다한 후 이번에 위의 자문을 받아 신이 살펴보건대 이 적(賊)이 나고야·쓰시마 등지에 무리를 모아 순풍을 기다려 바다를 건너려 한다고 소문을 낸 지가 이미 오래며 당장 각 정탐 보고를 받으니 많은 선박이 차례로 바다를 건넌다고 하는데 비록 기일이 다르고 많고 적음이 같지 않지만, 대규모 병력이 바다를 건너는 것은 의심할 여지가 없고 잇달아 오는 선박들도 또한 다시 계속 끊이지 않고 있으니 적의 숫자를 헤아려 보건대 확실히 1만일 뿐이 아닐 것입니다. 전쟁의 화가 조석 간 임박했으나 다행히도 황상의 대은(大恩)을 입어 먼저 온 남북의 관군이 이미 남원·충주 등지에 주둔해 소방의 사람들이 의지할 곳을 얻어 믿음직하게 여기고 있고 적 또한 두려움을 알고 감히 곧바로 움직이지 못하고 있어 소방으로 하여금 잠시 버틸 수 있도록 했으니 신은 감격을 이기지 못하겠습니다. 다만 생각하건대, 남원에 주둔한 요동군사 3천, 충주에 주둔한 남병 4천, 근래 유격 진우충[28]이 거느린 병마 중 충청도 공주에 파견한 2천, 아울러 경성에 주둔하고 있는 총병 마귀가 거느리고 있는 병마 3천을 모두 합하면 1만 2천여 명이며 비록 유격 파귀[29]·파새[30]

---

28) 유격 진우충(陳愚衷, ?~?)이다. 총병 조희빈(曹希彬)의 표하관으로 조선에 파견됐다. 신흠, 『象村稿』 卷39 「志」, 天朝詔使將臣先後去來姓名 記自壬辰至庚子, 四路提督以下諸將官及善後留駐將官 一時往來各衙門. 남원성 전투가 벌어지기 약 한 달 전에 선조는 진우충을 접견했다. 『宣祖實錄』 卷90, 宣祖 30年 7月 乙巳(16日).

29) 유격 파귀(頗貴, ?~?)를 말한다. 부총병 조희빈(曹希彬)의 표하관으로 조선에 파견됐다. 신흠, 『象村稿』 卷39 「志」, 天朝詔使將臣先後去來姓名 記自壬辰至庚子, 四路提督以下諸將官及善後留駐將官 一時往來各衙門. 파쇄와 함께 몽골계 장수였다. 남원성 전투가 벌어지기 약 1주 전에 선조를 처음으로 알현했다.

의 병마 5천까지 다시 모두 모아 적의 숫자와 비교해도 역시 중과부적일 듯합니다. 소방의 군사는 비록 수만의 수를 속오(束伍)로 만들었으나 약하기 짝이 없어 전쟁에서의 쓰임을 감당하지 못하니, (명에서) 원래 조발한 수륙의 관군을 반드시 전진하도록 독촉해서 정해진 기간에 (와서) 협공해야 바야흐로 전승할 수 있을 것입니다. 다만 생각하건대, 소방의 곡식은 비록 팔고 빌리면서 백방으로 조치해서 마련했으나 원래의 숫자가 많지 않고 또한 근래 지출한 양이 이미 3분의 1일을 차지하다 보니, 천조에서 곡식을 수륙으로 운반해 오는 것이 만약 점점 더 시간을 지체한다면 앞서 언급한 각 영의 군량을 실로 접제하기 어려워져 반드시 일을 그르치게 될 것입니다. 신은 밤낮으로 근심해도 계책으로 삼아야 할 바를 모르겠습니다. 간절히 바라건대 성명께서 해부(該部)에 명령을 내리셔서 적세(賊勢)를 헤아려 좋은 계책을 따라 분별해 처리하도록 해 주십시오. 덧붙여 저들의 흉봉이 아직 멋대로 방자해지기 전에 속히 초멸하신다면 소방과 천하가 크게 다행이겠습니다. 긴급한 적정과 관련된 내용이므로 이에 삼가 주본을 갖추어 아룁니다.

만력 25년 7월 24일 조선국왕 신 이(李) 휘(諱)가 이같이 삼가 주문하고 성지를 기다리겠습니다.

『宣祖實錄』 卷91, 宣祖 30年 8月 壬戌(4日).

30) 유격 파새(擺賽, ?~?)다. 조희빈(曹希彬)의 표하관으로 조선에 파견됐다. 신흠,『象村稿』 卷39「志」, 天朝詔使將臣先後去來姓名 記自壬辰至庚子, 四路提督以下諸將官及善後留駐將官 一時往來各衙門. 9월 초순에 벌어진 직산의 소사평 전투 직후 수원에서 일본군의 재북상을 견제했다.『宣祖實錄』 卷92, 宣祖 30年 9월 丙申(9일). 그리고 일본군이 후퇴할 때 현재 대전광역시의 대덕구 인근 형강에서 일본군을 추격해 참획하는 전과를 올리기도 했다.『宣祖實錄』 卷92, 宣祖 30年 9월 丁未(20일). 파귀와 함께 몽골계 장수였다. 남원성 전투가 벌어지고 약 3일 뒤에 선조를 처음으로 알현했다.『宣祖實錄』 卷91, 宣祖 30年 8月 丁丑(19日).

8. 具咨經理

13b-14a(172~173쪽)

朝鮮國王,

爲 緊急賊情 事.

據議政府狀啓.

即目, 倭賊大勢渡海, 衝突之禍, 迫在朝夕, 合無備將本國危急事情, 另具一本, 仍移咨經理都院, 以憑轉奏. 相應. 等因.

具啓. 據此. 査照, 先該, 本年六月內, 准遼東都指揮使司咨.

蒙欽差經理朝鮮軍務都察院右僉都御史楊憲牌.

照得, 本院經理該國軍務, 凢事皆有相關. 爲此, 牌仰本司官吏, 照牌事理, 即便備咨朝鮮國王, 此後, 但凢一應事情, 本章·咨文, 務先會過本院, 酌定可否, 或為順齎代奏, 或給付勘合便行, 不惟聞達之速, 亦省驛傳之擾. 等因.

准此. 行間, 今該前因, 竊照, 所據本章, 委係緊急賊情, 理宜另本奏報. 煩乞貴院即行順齎代奏, 不勝幸甚. 擬合咨報. 爲此, 合行移咨, 請照驗施行. 須至咨者.

右咨欽差經理朝鮮軍務都察院.

萬曆二十五年七月二十四日.

발신: 조선국왕
사유: 긴급한 적정에 관한 일입니다.

[조선국왕] 의정부의 장계를 받았습니다.

[의정부] 지금 왜적이 대규모로 바다를 건너오고 있어 전란의 화가 아침저녁으로 임박했으니 본국의 위급한 사정과 관련해서 따로 주본 하나를 갖추고 덧붙여 경리도원에 자문을 보내 이를 근거로 전주(轉奏)하도록 하는 것이 어떨까 합니다.

[조선국왕] 갖춘 장계를 받은 뒤 내용을 살펴보니, 이전에 본년 6월 요동도지휘사사의 자문을 받았습니다.

[요동도지휘사사] 흠차경리조선군무도찰원우첨도어사 양(호)의 헌패[31]를 받았습니다.

[양호] 살펴보건대 본원[양호]이 경리하고 있는 해국의 군무는 모든 일에 상관이 있습니다. 이에 본사[요동도지휘사사] 관리에 패를 내리니 패의 사리를 살펴 「이후로는 다만 모든 사정에 대한 본장(本章)[32]이나 자문은

31) 양호의 헌패 내용과 관련한 기사는 『宣祖實錄』에도 기재돼 있다. 『宣祖實錄』 卷89, 宣祖 30年(1597) 6月 丁卯(8日).

32) 표(表)·주(奏)를 포함해서 명 조정에 보내는 공문서를 총괄적으로 지칭하는 것으로 보는 것이 타당하다. 『光海君日記』 卷130, 光海 10年(1618) 7月 己酉(23日).

먼저 본원을 거쳐 가부를 작정하도록 힘쓰되, 조선의 문서를 (본원이 발송하는 문서에) 부쳐 보내서 대신 상주하거나 혹은 허가증을 지급해서 곧장 (조선의 문서를) 보내도록 한다면 소식의 전달이 신속해질 뿐만 아니라 역참에서 전달하는 과정의 소요도 줄어들 것입니다.」라는 내용으로 즉시 조선국왕에게 자문을 갖춰 보내십시오.

[조선국왕] 이를 받고 시행하는 사이, 이번에 위의 문서를 받았습니다. 가만히 살펴보건대 앞서 언급한 본장(本章)은 실로 긴급한 적정과 관련되니, 이치상 마땅히 별도의 주본(奏本)으로 만들어 보고해야 하겠습니다. 번거롭더라도 바라건대 귀원[양호]에서 즉시 주본을 받들고 가지고 가서 대신 주문해 주신다면 크게 다행이겠습니다. 헤아려 보건대 마땅히 자문으로 보고해야 하겠습니다. 이에 마땅히 자문을 보내니 청컨대 살펴 주십시오. 자문이 잘 도착하기를 바랍니다.

이 자문을 흠차경리조선군무도찰원에 보냅니다.

만력 25년 7월 24일.

9. 皇極等殿失火陳慰表[33)]
14a-15a(173~175쪽)

朝鮮國王臣姓諱言, 萬曆二十五年七月十四日, 據原差奏聞陪臣沈喜壽在遼東馳啓, 本年六月十九日, 皇極·中極·建極等殿, 文昭·武成等閣, 皇極·歸極·會極等門, 俱有火灾, 臣不勝驚駭, 謹奉表稱慰者.

臣諱誠惶誠恐, 稽首稽首.

伏以, 至誠之道, 方格于神明, 無妄之灾, 忽纏於宮禁, 羣工奔走, 率土震驚. 欽惟皇帝陛下, 乾乾體行[34)], 翼翼昭事[35)]. 仁愛或過, 莫測[36)]休咎之端, 轉移爲祥, 寧[37)]有顯微之間. 恐彌勤於聖念, 蘄勉副[38)]於輿情. 伏念臣綿業

33) 본 문서는 『簡易集』에서 내용의 일부가 확인된다. 최립, 『簡易集』 卷1 「表箋」, 皇極殿災慰表.

34) 『簡易集』에는 '乾乾自彊'으로 기재돼 있다. 의미상 큰 차이가 없다.

35) 『簡易集』에는 '翼翼時保'로 기재돼 있다. '時保'는 시경(試經)의 "하늘의 위엄을 경외하며 이에 길이 보전한다"(畏天之威, 于時保之)라는 문구에서 유래했다. 『詩經』 「頌」 周頌 淸廟之什 7. 我將. 의미상 큰 차이가 없다.

36) 『簡易集』에는 '若難知'로 기재돼 있다. '若'의 유무는 문맥상 해석에 큰 영향을 미치지 않는다.

37) 『簡易集』에는 '寧' 다음에 '果'가 삽입돼 있다. '果'의 유무는 문맥상 해석에 큰 영향을 미치지 않는다.

38) 『簡易集』에는 '副' 대신에 '顧'로 기재돼 있다. '여론을 돌아보고'로 해석할 수 있다. 문맥상 큰 차이가 없다.

偏荒，荷恩最厚，焦頭爛額，旣阻於效勞，引領馳心，唯專於伸[39]慰. 臣無任望天仰聖激切，屛營之至，謹奉表稱慰以聞.

萬曆二十五年七月二十七日，朝鮮國王臣姓諱 謹上表.

조선국왕 신 이(李) 휘(諱)는 만력 25년 7월 14일 원차주문배신 심희수가 요동에서 보낸 치계를 받았는데 본년 6월 19일 황극전·중극전·건극전, 문소각·무성각, 황극문·귀극문·회극문에 모두 화재가 발생했다고 하니 신은 놀라움을 이길 수 없어 삼가 표문을 올려 위로를 드립니다.

신 휘(諱)는 진실로 놀랍고 두려워하면서 머리를 숙입니다.

삼가 생각하건대, 지성스러운 도리가 바야흐로 신명(神明)에 이르려 하는데 예기치 못한 재난이 갑자기 궁궐을 휘감아 뭇 신하들이 분주히 달려가고 온 나라가 몹시 놀라고 있습니다. 공경히 생각하건대 황제 폐하께서는 부지런히 노력하셔서 몸소 체득하고 시행하시며, 경건하고 삼가시면서 하늘을 밝게 섬기십니다. 어질고 사랑함이 혹 지나치신 나머지 길흉이 일어나는 단초를 헤아릴 수 없었을 수도 있겠습니다만, 이를 전화위복의 상서로운 계기로 삼는다면 드러난 현상과 숨겨진 실체에 어찌 간극이 있겠습니까. 성념(聖念)에 더욱 근심 되실 것이 걱정됩니다만, 바라건대 힘써 여론에 부응하시기를 바랍니다. 삼가 생각하건대, 신은 멀리 치우쳐 있는 곳에서 기업을[40] 면면히 이어오며

39) 『簡易集』에는 '伸' 대신에 '申'으로 기재돼 있다. 의미상 차이가 없다.

40) 원문의 '業'는 국가, 더 구체적으로 국가 경영을 해석하는 것이 타당하다.

은전을 가장 두터이 입었기에 머리를 태우고 이마를 데며 불을 진화했어야 하지만[41] 온 힘을 다하려 해도 이미 멀리 떨어져 있어 목을 빼고 마음을 치달려 오로지 위로를 진달할 뿐입니다. 신은 하늘을 바라보고 성총(聖聰)을 우러러보는 간절함을 가눌 길 없어 변방의 끝에서나마 표를 올려 위로하며 아룁니다.

만력 25년 7월 27일 조선국왕 신 이(李) 휘(諱)가 삼가 표를 올립니다.

41) 이 표현은 순우곤(淳于髡)이 이웃집에 손님으로 갔다가 화재의 염려가 있어 굴뚝을 고치고 나뭇단을 옮겨 화재에 대비하라고 했으나 주인이 말을 듣지 않아 화재가 발생했는데 불을 끈 집주인은 화재에 대비하라고 한 순우곤에게는 상을 주지 않고 머리가 타고 이마를 데가며 불을 끈 이웃에게만 상을 주었다는 고사에서 인용되었다. 반고, 『漢書』 卷68 「傳」 第38.

10. 方物表[42)]

15a-15b(175~176쪽)

朝鮮國王臣姓諱, 右伏以天意難測, 忽聞赫奕之灾, 輿情擧驚, 敢緩奔慰之禮.

謹備.

白苧布一十匹.

白綿紬一十匹.

龍文簾席二張.

黃花席五張.

滿花席五張.

滿花方席五張.

雜彩花席五張.

人參二十觔.

---

42) 본 문서에는 별도로 두주가 달려 있지 않다. 명 궁궐의 화재를 위로하는 진위사 파견과 함께 보낸 방물을 기재한 조선국왕의 표문이다.

豹皮二張.

連六油厚紙五部.

右件物等, 各般不腆, 製造匪精, 豈合享上之儀. 聊表由中之悃. 臣無任兢惶激切之至, 謹隨表奉進以聞.

萬曆二十五年七月二十七日, 朝鮮國王臣姓諱 謹上表.

조선국왕 신 이(李) 휘(諱)는 삼가 하늘의 뜻을 헤아리기 어려웠기에 갑자기 불이 나는 재앙을 듣고서 여론이 모두 놀랐으니 감히 달려가 위로를 드리는 예를 늦추겠습니까.

삼가 아래와 같이 갖춥니다.

백저포 10필, 백면주 10필, 용문염석 2장, 황화석 5장, 만화석 5장, 만화방석 5장, 잡채화석 5장, 인삼 20근, 표피 2장, 연육유후지 5부.

이 물건들은 가짓수가 변변치 못하고 만든 것이 정교하지 못하니 어찌 올리기에 합당하겠습니까. 오로지 극진한 마음의 정성을 표시하는 것입니다. 신은 황송하고 간절함을 가눌 길이 없어 삼가 표(表)와 함께 봉진해 올립니다.

만력 25년 7월 27일 조선국왕 신 이(李) 휘(諱)가 삼가 표를 올립니다.

11. 慈聖皇太后前進獻禮物狀[43)]
15b(176쪽)

朝鮮國王臣姓諱, 謹備慈聖宣文明肅皇太后陛下進獻禮物.

白苧布五匹.

白綿紬一十匹.

滿花方席五張.

雜彩花席五張.

右件物等謹奉進以聞.

萬曆二十五年七月二十七日, 朝鮮國王臣姓諱.

조선국왕 신 이(李) 휘(諱)는 삼가 아래와 같이 자성선문명숙황태후 폐하께 진헌하는 예물을 갖춥니다.

---

43) 본 문서에는 별도의 두주가 달려 있지 않다. 명 궁궐의 화재를 위로하는 진위사 파견과 함께 자성선문명숙황태후(慈聖宣文明肅皇太后, 1544~1614)에게 보낸 장문(狀聞)이다. 만력제의 모후인 황귀비(皇貴妃) 이씨를 가리키며 만력제 즉위 후 황태후로 격상됐다.

백저포 5필, 백면주 10필, 만화방석 5장, 잡채화석 5장.

이 물건들을 삼가 봉진해 올립니다.

만력 25년 7월 27일 조선국왕 신 이(李) 휘(諱).

12. 中宮前進獻禮物狀[44)]
15b-16a(176~177쪽)

朝鮮國王臣姓諱, 謹備中宮殿下進獻禮物.

白苧布五匹.

白綿紬一十匹.

滿花方席五張.

雜彩花席五張.

右件物等謹奉進以聞.

萬曆二十五年七月二十七日, 朝鮮國王臣姓諱.

조선국왕 신 이(李) 휘(諱)는 삼가 아래와 같이 중궁 전하께 진헌하는 예물을 갖춥니다.

---

44) 본 문서에는 별도의 두주가 달려 있지 않다. 명 궁궐의 화재를 위로하는 진위사 파견과 함께 황후인 효단현황후(孝端顯皇后, 1564~1620)에게 보낸 장문(狀聞)이다.

백저포 5필, 백면주 10필, 만화방석 5장, 잡채화석 5장.

이 물건들을 삼가 봉진해 올립니다.

만력 25년 7월 27일 조선국왕 신 이(李) 휘(諱).

13. 請禮部聞奏咨[45)]
16a-16b(177~178쪽)

朝鮮國王,

爲 進慰 事.

萬曆二十五年七月十四日, 據原差奏聞陪臣沈喜壽在遼東馳啓, 本年六月十九日, 皇極·中極·建極等殿, 文昭·武成等閣, 皇極·歸極·會極等門, 俱有火灾, 當職不勝驚駭, 修撰到進慰表文, 并備進獻禮物, 差陪臣刑曹參判李睟光, 賫擎管領前赴京師進慰外, 今將禮物開坐, 合行移咨, 請照驗聞奏施行. 須至咨者.

一. 白苧布一十匹 禮物上同.

右咨禮部.

萬曆二十五年七月二十七日.

---

45) 본 문서에는 별도의 두주가 달려 있지 않다. 조선국왕이 예부로 보내는 자문이다.

발신: 조선국왕
사유: 진위하는 일입니다.

만력 25년 7월 14일 원차주문배신 심희수가 요동에서 보낸 치계를 받았는데 본년 6월 19일 황극전·중극전·건극전, 문소각·무성각, 황극문·귀극문·회극문에 모두 화재가 발생했다고 하니 당직은 놀라움을 이길 수 없어 진위표문을 짓고 진헌예물을 갖추어 배신 형조참판 이수광에게 이를 맡기고 전적으로 책임지게 하여 경사[북경]로 가서 진위하도록 하는 것 외에도, 지금 예물을 열거하여 마땅히 자문을 보내니 청컨대 살펴서 주문(奏聞)해 주십시오. 자문이 잘 도착하기를 바랍니다.

하나. 백저포(白苧布) 10필. 예물은 위와 같습니다.

이 자문을 예부(禮部)에 보냅니다.

만력 25년 7월 27일.

14. 請禮部聞奏咨[46]

16b-17a(178~179쪽)

朝鮮國王,

爲 進慰 事.

萬曆二十五年七月十四日, 據原差奏聞陪臣沈喜壽在遼東馳啓, 本年六月十九日, 皇極·中極·建極等殿, 文昭·武成等閣, 皇極·歸極·會極等門, 俱有火灾, 當職不勝驚駭, 差陪臣刑曹參判李睟光, 齎領進慰表文·禮物赴京, 并齎慈聖宣文明肅皇太后陛下, 進獻禮物前去. 今將禮物開坐, 合行移咨, 請照驗聞奏施行. 須至咨者.

一. 白苧布一十匹[47] 禮物上同.

右咨禮部.

萬曆二十五年七月二十七日.

---

46) 본 문서에는 별도의 두주가 달려 있지 않다. 조선국왕이 예부로 보내는 자문이다.

47) 앞의 문서 11에서와 같이, 자성황태후에게 보내진 백저포는 5필(五匹)이므로 잘못 기입된 듯 하다.

발신: 조선국왕
사유: 진위하는 일입니다.

만력 25년 7월 14일 원차주문배신 심희수가 요동에서 보낸 치계를 받았는데 본년 6월 19일 황극전·중극전·건극전, 문소각·무성각, 황극문·귀극문·회극문에 모두 화재가 발생했다고 하니 당직은 놀라움을 이길 수 없어 배신 형조참판 이수광을 파견해 진위표문과 예물을 가지고 경사[북경]로 나아가도록 하고 아울러 자성선문명숙황태후 폐하께 진헌할 예물을 가지고 가도록 했습니다. 지금 예물을 열거해 마땅히 자문을 보내니 청컨대 살펴서 주문(奏聞)해 주십시오. 자문이 잘 도착하기를 바랍니다.

하나. 백저포(白苧布) 10필. 예물은 위와 같습니다.

이 자문을 예부에 보냅니다.

만력 25년 7월 27일.

15. 請禮部聞奏咨[48)]

17a-17b(179~180쪽)

朝鮮國王,

爲 進慰 事.

萬曆二十五年七月十四日, 據原差奏聞陪臣沈喜壽在遼東馳啓, 本年六月十九日, 皇極·中極·建極等殿, 文昭·武成等閣, 皇極·歸極·會極等門, 俱有火灾, 當職不勝驚駭, 差陪臣刑曹參判李睟光, 齎領進慰表文·禮物赴京, 并齎中宮殿下, 進獻禮物前去. 今將禮物開坐, 合行移咨, 請照驗施行. 須至咨者.

一. 白苧布五匹 禮物上同.

右咨禮部.

萬曆二十五年七月二十七日.

48) 본 문서에는 별도의 두주가 달려 있지 않다. 조선국왕이 예부로 보내는 자문이다.

발신: 조선국왕
사유: 진위하는 일입니다.

만력 25년 7월 14일 원차주문배신 심희수가 요동에서 보낸 치계를 받았는데 본년 6월 19일 황극전·중극전·건극전, 문소각·무성각, 황극문·귀극문·회극문에 모두 화재가 발생했다고 하니 당직은 놀라움을 이길 수 없어 배신 형조참판 이수광을 파견해 진위표문과 예물을 가지고 경사[북경]로 나아가도록 하고 아울러 중궁 전하께 진헌할 예물을 가지고 가도록 했습니다. 지금 예물을 열거해 마땅히 자문을 보내니 청컨대 살펴서 주문(奏聞)해 주십시오. 자문이 잘 도착하기를 바랍니다.

하나. 백저포 5필. 예물은 위와 같습니다.

이 자문을 예부에 보냅니다.

만력 25년 7월 27일.

16. 請護送咨[49]

17b-18a(180~181쪽)

朝鮮國王,

爲 進慰 事.

萬曆二十五年七月十四日, 據原差奏聞陪臣沈喜壽在遼東馳啓, 本年六月十九日, 皇極·中極·建極等殿, 文昭·武成等閣, 皇極·歸極·會極等門, 俱有火災, 當職不勝驚駭, 差陪臣刑曹參判李睟光, 賫領進慰表文一道, 并賫進獻禮物前赴京師, 經由貴治馳驛前去. 合行移咨, 請照驗護送施行. 須至咨者.

右咨遼東都指揮使司.

萬曆二十五年七月二十七日.

발신: 조선국왕

사유: 진위하는 일입니다.

---

49) 본 문서에는 별도의 두주가 달려 있지 않다. 조선국왕이 요동도지휘사사로 보내는 자문이다.

만력 25년 7월 14일 원차주문배신 심희수가 요동에서 보낸 치계를 받았는데 본년 6월 19일 황극전·중극전·건극전, 문소각·무성각, 황극문·귀극문·회극문에 모두 화재가 발생했다고 하니 당직은 놀라움을 이길 수 없어 배신 형조참판 이수광을 파견하여 진위 표문 1통과 아울러 진헌하는 예물을 받들어 경사[북경]로 나아가도록 했는데, 귀사에서 관할하는 역을 경유해서 가게 됩니다. 마땅히 자문을 보내니 청컨대 살펴서 호송해 주십시오. 자문이 무사히 도착하기를 바랍니다.

이 자문을 요동도지휘사사에 보냅니다.

만력 25년 7월 27일.

17. 本國咨報倭賊攻破閑山
18a-21a(181~187쪽)

朝鮮國王,

爲 緊急倭情 事.

該本年七月二十五日辰時, 據陪臣慶尙右道水軍節度使裵楔馳啓.

本月十五日, 臣隨同統制使元均, 全羅右道水軍節度使李億祺, 忠淸道水軍節度使崔湖等, 各領兵船, 於巨濟縣永登浦等處, 巡視海道, 日暮退駐漆川島. 至夜三更時分, 忽有賊船来薄, 各軍驚擾. 有巨濟縣令安衛, 先與賊交鋒, 賊船鶴翼齊進, 臣督同安衛及熊川縣監成天禧·安骨浦萬戶禹壽·玉浦萬戶李暹等, 極力廝殺, 撞破賊船一十餘隻. 既而賊船大至, 有元均·李億祺·崔湖等, 各起兵船, 抵敵不住, 向春原浦退去, 臣等勢孤, 且戰且退. 既退仍以所領兵船一十二隻, 攔截見乃梁海口一邊, 通諭閑山守營軍民, 各將原帶船三百餘隻, 移駐蛇梁, 本島原貯糧餉器械, 亦多搬運別處, 其餘未運的, 盡行焚燒. 賊兵仍於巨濟縣地方駐箚. 聽得, 有元均·李億祺·崔湖等, 俱被殺死.

又該本日, 據陪臣慶尙等道都巡察使權慄馳啓.

臣面諭原任統制使李順臣,[50] 責令馳往泗川等處, 招集潰散水兵, 整點遺下船隻, 以圖復守閑山.

又該本日, 據本官馳啓.

該密陽府使李英飛報.

本月十七日申時, 有鵲院擺撥軍六名, 來到說稱.

本月十六日夜半, 有倭賊突入原駐柵裡, 殺死天兵五名. 其餘脫身逃走, 不知去向.

僧軍將惟政飛報.

有梁山駐箚管撥官楊汝德, 調集各撥官兵, 將要進往鵲院, 探訪賊情.

等因.

具啓. 據此. 查照, 先該, 本月二十一日, 據陪臣慶尙等道都體察使李原翼馳啓.

該哨探人徐洸杰告稱.

有賊不記其數, 騎牽馬匹, 向金海地方, 行走說稱, 本月盡頭大勢進搶.

哨瞭人金音同告稱.

有賊不記其數, 進入梁山, 方行搶掠, 將天兵糧料盡行焚燒.

東萊懸軍官金殷福告稱.

自本月初八日至十一日, 過海賊船, 總計一千七百餘隻, 除分往西生·竹島等處, 各該賊營外, 見泊釜山, 約有一千餘隻, 俱不打造窩鋪, 插旗屯聚.

50) 이순신(李舜臣)이며 순(舜)을 기휘해서 순(順)으로 표기했다. 권22의 이순신(李順臣)은 모두 이순신(李舜臣)을 가리킨다.

又該本月二十三日，據原差探視水寨陪臣金軾啓稱.

本月十五日，臣同水軍統制使等官元均等，於巨濟縣漆川島宿頓，有賊船不記其數，夤夜圍薄各軍，且戰且退，分散去了. 死傷之數，未得的知，臣挺身跳出，逃命前來. 等因.

據此. 已經報知備倭總兵官麻，監軍按察使蕭. 去後，今該前因，爲照，本賊大勢過海，俱不打造窩鋪，仍圍薄小邦水兵，殺死各該陪臣. 又進入梁山·密陽等處，焚燒糧料，搶殺天兵，本月盡頭進搶之說，十分不虛. 仍照，閑山一島，實是小邦沿海保障，水兵旣破，本島空虛，本賊兇狡，有餘頗善用兵，即從海路，徑進黃海·平安等道，斷我西路之勢，則禍不可言. 即目，有陪臣裵楔一起水兵，幸得全完，把截見乃梁海口，本地最爲海路要口，而閑山其在內. 又有陪臣李順臣馳往泗川等處，招集潰兵，整點遺船，以圖復守閑山，如有大勢天兵，趁時來到，恊力防守全羅迤西地方，庶有保全之望. 而天朝先調水兵數纔三千，恐不足以防勦大賊，煩乞貴府·貴司備將前因，轉報總督軍門·經理都院，將前項先調水兵，督令星夜前進，又將後起水兵，急速添調前來，着令合勢，把截以遏海路西窺之賊. 仍嚴催原調浙·陜·川各起兵馬，刻期征勦，一擧掃蕩，不勝幸甚. 禍迫燃眉，急此馳報，更乞作速轉報救援. 擬合咨稟. 爲此，合行移咨，請照驗轉報施行. 須至咨者.

右咨欽差備倭總兵府·欽差經理朝鮮監軍按察司·欽差總督經略軍門·欽差經理朝鮮軍務都察院.

萬曆二十五年七月二十七日.

발신: 조선국왕
사유: 긴급한 왜정에 관한 일입니다.

[조선국왕] 본년(1597) 7월 25일 진시 배신 경상우도수군절도사 배설의 치계를 받았습니다.

[배설] 본월(7월) 15일 신은 통제사 원균, 전라우도수군절도사 이억기, 충청도수군절도사 최호와 함께 각각 전선을 거느리고 거제현 영등포 등지에서 해로를 순시하다가 날이 저물어 칠천도로 물러나 주둔했습니다. 밤 3경 때에 이르러 홀연히 적선이 가까이 옴에 따라 각 군이 동요했습니다. 거제현령 안위가 선봉으로 적과 교전했는데 적선이 학익진으로 일제히 전진해 신은 안위 및 웅천현감 성천희, 안골포만호 우수, 옥포만호 이섬을 독려해 힘을 다해서 적을 공격하고 적선 10여 척을 깨뜨렸습니다. 얼마 후 적선이 대거 이르러 원균·이억기·최호가 각각 전선을 기동해 대적하기를 그치지 않다가 춘원포를 향해 후퇴하니, 신 등이 형세가 고립되어 전투와 후퇴를 반복하였습니다. 물러선 뒤에 계속 거느리고 있는 전선 12척으로 견내량 해구 한쪽을 차단하고 한산도를 방어하는 군영의 군민에게 두루 알려, 각자 원래 운용하는 300여 척을 사량으로 옮기면서 본도[한산도]에 저장했던 군량과 기계 또한 다른 곳으로 다량 운반하도록 했으며 그 나머지 미처 운반하지 못한 것들은 모두 불태웠습니다. 적병이 계속 거제현 지방에 주둔하고 있습니다. 들어보니 원균·이억기·최호가 모두 피살되었다고 합니다.

[조선국왕] 또한 같은 날 배신 경상등도도순찰사 권율의 치계를 받았습니다.

[권율] 신이 원임통제사 이순신을 면유하면서 책임지고 사천 등지로 속히 가서 흩어진 수군을 불러 모으고 남아있는 배를 점검해서 한산도를 다시 지키기를 도모하도록 했습니다.

[조선국왕] 또한 같은 날 본관(권율)의 치계를 받았습니다.

[권율] 밀양부사 이영의 비보를 받았습니다.

[이영] 본월 17일 신시 작원관(鵲院關)[51] 파발군 6명이 와서 말했습니다.

[파발군] 본월 16일 밤중에 왜적이 원래 주둔하던 목책에 돌입해 천병(天兵) 5명을 죽였습니다. 나머지는 탈출해 도망했는데 어디로 갔는지 알지 못합니다.

[권율] 승군장 유정의 비보를 받았습니다.

[유정] 양산에 주둔하는 관발관[52] 양여덕[53]이 모든 파발관을 조발해 모아서 작원관으로 나아가 적정을 탐지하고자 합니다.

[조선국왕] 갖춘 장계를 받고서 조사해 보니 이전에 본월 21일에 배신 경상등도도체찰사 이원익의 치계를 받았습니다.

[이원익] 초탐인 서세걸이 보고했습니다.

[서세걸] 적이 그 숫자를 다 기록할 수 없을 정도인데 말을 타거나 끌며 김해 지방으로 향해 달려가면서 "본월 그믐에 거대한 병력으로 쳐들어갈 것이다."라고 했습니다.

[이원익] 초료인 김음동이 보고했습니다.

[김음동] 적이 그 숫자를 다 기록할 수 없을 정도인데 양산으로 들어가 바야흐로 노략질을 하며 천병의 군량을 모두 불태웠습니다.

[이원익] 동래현 군관 김은복이 보고했습니다.

[김은복] 본월 8일에서 11일까지 바다를 건넌 적선은 모두 1,700여 척으로, 서생포(西生浦)·죽도(竹島) 등지의 각 적영으로 나누어 나아가는 것

---

51) 경상남도 양산에서 밀양을 연결하는 관문이다.

52) 파발을 관리하는 관리(官吏)를 말한다.

53) 조선에 파견돼 對일 정보 수집과 연관된 업무를 수행한 것으로 추정된다. 『宣祖實錄』 卷80, 宣祖 29年 9月 辛丑(8日).

외에, 현재 부산에 정박 중인 적선은 천여 척이며 모두 움집을 만들지 않고 기를 꽂아 주둔하고 있습니다.

[조선국왕] 또한 본월 23일에 원차탐시수채 배신 김식의 장계를 받았습니다.

[김식] 본월 15일 신은 수군통제사 원균 등과 함께 거제현 칠천도에서 숙영하고 있었는데 그 숫자를 다 기록할 수 없을 정도로 많은 적선이 심야에 가까이 다가와 모든 (조선) 수군을 포위해서 때로 싸우다가 때로 물러나면서 흩어져 버렸습니다. 사상자의 숫자는 아직까지 정확하게 알 수 없고 신은 몸을 빼어 뛰쳐나가 목숨만 건져 도망쳐 왔습니다.

[조선국왕] 이를 받고 이미 비왜총병관 마(귀)와 감군안찰사 소(응궁)에게 보고했습니다. 이런 조치를 다한 후 이번에 위의 문서를[54] 받고 살펴보건대 이 적(賊)이 대규모로 바다를 건너 모두 움집을 만들지 않고 곧바로 소방의 수군을 가까이에서 포위해 각 배신을 살해했습니다. 또한 양산·밀양 등지로 들어가 곡식을 불태우고 (천병의) 곡식을 약탈하거나 천병을 죽이고 있으니 본월 그믐에 쳐들어온다는 설은 전혀 허황하지 않습니다. 덧붙여 살펴보건대, 한산도 이 섬은 실로 소방 연해의 보장(保障)인데 수군이 이미 패해 본도[한산도]가 비어 있으며 이 적(賊)은 흉악하고 교활한 데다가 군대를 자못 잘 부리고도 남음이 있으니 곧바로 해로를 따라 황해도와 평안도를 지나 전진해 우리 서로(西路)를 끊는 형세가 되면 화는 말로 다할 수 없습니다. 바로 지금 배신 배설의 수군 일기(一起)를 다행히도 온전히 할 수 있었으니 견내량 해구를 끊어 지키려 하거니와, 본 지역[견내량]은 해로 중에 가장 요충지가 되는 입구이며 한산도가 그 안에 있습니다. 또한 배신 이순신이 사천 등지로 속히 나아가 도망병들을 불러 모으고 남아있는 전선을 정비하고 점검해 다시 한산도

54) 가장 최근의 전황과 관련해서 7월 25일에 배설과 권율이 조정에 올린 본문 속의 장계를 가리키는 것으로 보는 것이 타당하다.

방어를 도모하니 만약 대규모 천병이 때에 맞춰 도착해 전라도 서쪽 지역을 방수하는 데에 협력한다면 아마도 보전할 가망이 생길 것입니다. 천조에서 처음 조발한 수군의 수가 겨우 3천 명으로, 대규모 적군을 방어하고 초멸하기에는 부족할 듯하니 번거롭겠지만 바라건대 귀부[마귀]·귀사[소응궁]에서 이번에 받은 위의 문서 내용과 관련해 갖추어 총독군문[형개]과 경리도원[양호]에게 전보(轉報)해서 앞선 항목의 이전에 조발한 수군을 독려해 조속히 전진하도록 명령하고 또한 뒤에 출병할 수군을 속히 더 조발해 보내 합세해서 해로의 서쪽을 엿보는 적을 끊어 막도록 해 주십시오. 덧붙여 처음에 조발한 절강·섬서·사천에서 각각 출병하는 병마를 엄히 재촉해 기한을 정해 정벌하도록 해서 일거에 (적을) 소탕한다면 크게 다행일 것입니다. 곧 눈썹이 탈 듯이 화가 임박해 이와 같이 급히 치보하니 다시금 바라건대 속히 전보해 구원해 주십시오. 헤아려 보건대 마땅히 자문으로 알려야 하겠습니다. 이에 마땅히 자문을 보내니 청컨대 살펴 전보(轉報)해 주십시오. 자문이 잘 도착하기를 바랍니다.

이 자문을 흠차비왜총병부·흠차경리조선감군안찰사·흠차총독경략군문·흠차경리조선군무도찰원에 보냅니다.

만력 25년 7월 27일.

18. 本國咨請各軍火器
21a-22a(187~189쪽)

朝鮮國王,

爲 乞速運各樣火器, 以備戰用 事.

據經理都察院伺候陪臣李得馨[55]狀啓.

竊照, 本國忠淸·全羅等道束伍新兵, 頗多精壯, 中間或有與賊慣戰者, 只緣俱無該執器械, 緩急恐難爲用. 又照, 倭賊深畏天朝火器, 日前平壤之戰, 多用火砲·火箭等器, 以獲勝捷. 即目傳聞, 大勢賊衆, 已行渡海, 進入熊川·梁山等地, 豨突之勢, 迫在朝夕. 合無備將前因, 移咨本院, 將各樣火器, 急速搬運, 給與前項束伍新兵, 兼以本國弓箭, 着令協助天兵, 相機防勦. 相應. 等因.

具啓. 據此. 爲照, 小邦忠淸·全羅等道束伍新兵, 頗多精壯, 中間或有與賊慣戰者, 只緣俱無該執器械, 緩急恐難爲用. 又照, 倭賊深畏天朝火器, 日前平壤之戰, 多用火砲·火箭等器, 以獲勝捷. 即目, 大勢賊衆, 已行渡

55) 원문 속 '李得馨'은 이덕형(李德馨, 1561~1613)을 이른다. '덕(德)'을 기휘해서 득(得)으로 표기했다. 권 22의 이득형(李得馨)은 모두 이덕형(李德馨)을 가리킨다.

海, 進入熊川·梁山等地, 豨突之勢, 迫在朝夕, 煩乞貴院將各樣火器, 急速搬運, 給與前項東伍新兵, 兼以小邦弓箭, 着令協助天兵, 相機防勦, 不勝幸甚. 擬合咨稟. 爲此, 合行移咨, 請照驗施行. 須至咨者.
右咨欽差經理朝鮮軍務都察院.

萬曆二十五年七月二十九日.

발신: 조선국왕
사유: 여러 다양한 화기를 속히 운반해 전시의 쓰임에 대비하는 일입니다.

[조선국왕] 경리도찰원사후배신 이덕형의 장계를 받았습니다.

[이덕형] 살펴보건대 본국 충청도와 전라도의 새로운 속오군은 자못 건장한 이들이 많은데, 그 사이에 더러 적과 싸우는 경험을 가진 자가 있지만 누구에게도 (적절하게) 소지하고 있어야 할 장비가 없기에 위급할 때 효과적으로 동원하기가 어려울 듯합니다. 또 살펴보건대 왜적이 천조의 화기를 심히 두려워해 이전에 평양의 전투에서 화포와 화전의 무기를 많이 사용해 승리를 거두었습니다. 바로 지금 전해 들은 바, 대규모의 적들이 이미 바다를 건너 웅천·양산 등지로 들어와 돌진하려는 형세가 아침저녁으로 임박했습니다. 위의 문서 내용[56]과 관련해 갖추어 본원[양호]에 자문을 보내 여러

56) 원문 속 '前因'의 내용은 '大勢賊衆, 已行渡海, 進入熊川·梁山等地, 豨突之勢, 迫在朝夕'과 연관된다. 이런 측면을 고려할 때, 7월 21일 이전에 작성된 문서 2의 병조 장계와 7월 24일 이전에 작성된 문서 8의 의정부 장계에서 해당 문구가 산견된다. 따라서, '前因'은 내용상으로나 시간순으로 상기 병조의 장계 또는 의정부의 장계로 보는 것이 타당하다.

다양한 화기를 속히 운반해 앞선 사항의 새로운 속오군에 지급하고 아울러 본국의 궁수들로 하여금 천병[명군]과 협조해서 기회를 보아 방어하며 초멸하도록 하면 어떨까 합니다.

[조선국왕] 갖춘 장계를 받고 살펴보건대 소방의 충청도와 전라도의 새로운 속오군은 자못 건장한 이들이 많은데, 그 사이에 더러 적과 싸우는 경험을 가진 자가 있지만 누구에게도 (적절하게) 소지하고 있어야 할 장비가 없기에 위급할 때 효과적으로 동원하기가 어려울 듯합니다. 또 살펴보건대 왜적이 천조의 화기를 심히 두려워해 이전에 평양의 전투에서 화포와 화전의 무기를 많이 사용해 승리를 거두었습니다. 바로 지금 대규모의 적들이 이미 바다를 건너 웅천·양산 등지로 들어와 돌진하려는 형세가 아침저녁으로 임박했으니 번거롭더라도 바라건대 귀원에서는 여러 다양한 화기를 속히 운반해 앞선 항목의 새로운 속오군에 지급하고 아울러 본국의 궁수들로 하여금 천병과 협조해서 기회를 보아 방어하며 초멸하도록 한다면 크게 다행이겠습니다. 헤아려 보건대 마땅히 자문으로 알려야 하겠습니다. 이에 마땅히 자문을 보내니 청컨대 살펴 주십시오. 자문이 잘 도착하기를 바랍니다.

이 자문을 흠차경리조선군무도찰원에 보냅니다.

만력 25년 7월 29일.

19. 邢軍門催造戰船
22a-23a(189~191쪽)

欽差總督薊遼保定等處軍務兼理糧餉經略禦倭兵部尙書兼都察院右副都御史邢,

爲 防守害要[57] 事.

案照, 先該, 本部院看得, 倭奴水陸皆有備. 今我之馬步官兵, 可禦之于陸, 復調浙·直·閩·廣水兵, 以備水陸夾攻. 又經行令朝鮮, 多備水兵船隻. 去後, 續准該國咨, 惟將舩隻·水軍數目, 及該領陪臣姓名開坐, 咨報本部院. 准此. 查得, 咨開舩隻, 止一百三十餘隻, 謹足該國水軍之用. 所據前項調取各省水兵, 除浙江者, 已有南來船隻, 今將抵旅順矣. 其直隸·閩·廣水兵, 恐舩來無多, 必用該國船隻, 以資戰守. 除先行麻總兵, 會令該國, 整造船隻外, 合再督備. 爲此, 合咨前去, 煩照先今咨內事理, 速行該領水兵陪臣, 將前項戰船, 或整造, 或創造, 務要預備四五十隻, 或七八十隻, 聽閩·直水兵至日, 撑駕與該國水兵, 恊同攻勦施行. 仍將預備過船隻·水手數目, 咨報本部院查考. 須至咨者.

57) 원문의 '害要'는 '要害'의 오기라고 할 수 있다. 다음에 나오는 문서 20에서 확인된다.

右咨朝鮮國王.

萬曆二十五年七月十四日.

발신: 흠차총독계료보정등처군무겸리양향경략어왜병부상서겸도찰원우부도어사 형(개)[58].
사유: 요해지를 방수(防守)하는 일입니다.

[형개] 과거에 처리한 관련 문서를 살펴보건대, 이보다 앞서 본부원[형개]은 왜노들이 수륙으로 모두 준비를 갖춘 것으로 파악했습니다. 지금 마병과 보병으로 이루어진 우리의 관병들이 육지에서 적을 막아낼 수 있으나 다시 절강·직례·복건[59]·광동에서 수병을 조발함으로써 수로와 육로를 통해 협공해 오는 것에 대비해야 하겠습니다. 또 이미 조선에 문서를 보내 수병과 선척(船隻)을 많이 갖추도록 했습니다. 그 뒤에 해국으로부터 「선척과 수군의 항목별 수효와 (부대를) 지휘할 배신들의 성명을 열거해 본부원에 자문으로 보고합니다.」라는 자문을 이어서 받았습니다. 이를 받고 조사해 보건대, 자문에 열거된 선척이 불과 130여 척에 지나지 않아 겨우 그 나라의 수군이 쓸 것밖에 되지 않습니다. 앞서 언급한 이전 항목의 각 성(省)에서 조발한 수병 가운데 절강 병력을 제외한 나머지는 이미 남쪽에서부터 배로 와서 지금 막 여순에 도착했습니다. (그런데) 아마도 직례·복건·광동 수병의 경우, 운용할 배들이

58) 형개(邢玠, 1540~1612)를 가리킨다.

59) 원문의 '閩'은 복건성이다. 원문의 '直隸'는 남직례(南直隸)를 말하며, 현대의 강소성 남부와 안휘성 동부 그리고 상해 일대에 해당한다.

많지 않아 반드시 해국의 선박을 사용하여 전수(戰守)에 쓰이도록 해야 하겠습니다. 앞서 총병 마(귀)[60]에게 문서를 보내 해국에 알려 선척을 건조하여 정돈해 두도록 하는 것 외에도 마땅히 거듭 독려하여 준비하도록 해야 하겠습니다. 이에 마땅히 자문을 보내오니 번거롭더라도 이전과 이번에 보낸 자문의 내용을 살펴 속히 수병(水兵)을 지휘하는 배신에게 문서를 보내어 이전 항목의 전선을 정비하거나 새로 만들어 40~50척 혹은 70~80척을 미리 마련하고 복건·직례의 수병이 이르는 때를 기다렸다가 그 나라의 수병과 함께 타고 협력해서 공격하도록 하십시오. 덧붙여 미리 갖춘 선척과 격군의 항목별 수효를 본부원에 자문으로 보고하셔서 조사하고 고려할 수 있도록 해 주십시오. 자문이 잘 도착하기를 바랍니다.

이 자문을 조선국왕께 보냅니다.

만력 25년 7월 14일.

60) 마귀(麻貴, ?~?)를 가리킨다.

20. 回咨
23a-26a(191~197쪽)

朝鮮國王,

爲 防守要害 事.

本年七月二十六日, 准欽差總督薊遼保定等處軍務兼理糧餉經略禦倭兵部尚書兼都察院右副都御史邢咨前事.

案照, 先該, 本部院看得, 倭奴水陸皆有備. 云云. 等因.

准此. 行據兵曹狀啓.

伏覩総督軍門咨內, 速行該領水兵陪臣, 將前項戰船, 或整造, 或創造, 務要預備四五十隻, 或七八十隻, 聽閩·直水兵至日, 撑駕與該國水兵, 協同攻勦.[61] 仍將預備過船隻·水手數目, 咨報[62]查考. 竊照, 即目閑山水兵既已潰散, 舩隻既已失亡, 雖督令新任統制使李順臣, 慶尙右道水軍節度使裵楔等, 招集潰兵, 整點遺舩, 又多添造船隻, 以備天兵協勦之用, 而賊情方急, 禍在焚眉, 必須天朝水陸兵馬, 星夜赴援, 合勢策應,

61) 문서 19에는 '施行'이 있으나 본 문서에는 생략됐다.

62) 문서 19에는 '本部院'이 있으나 본 문서에는 생략됐다.

庶可有濟. 合無一邊備將前因, 咨報本部院, 一面嚴催前項陪臣李順臣·裵楔等, 急速整造船隻, 添調水手, 聽候天兵, 撑駕恊勦. 仍令總查船隻·水手數目回啓, 以憑咨報査考. 相應. 等因.

具啓. 據此. 査照, 先該, 本年六月內, 據陪臣慶尙等道都體察使李原翼馳啓.

自本月初五日以後, 有賊船從那邊絡繹過海. 閑山駐箚水軍統制使等官元均等, 以爲賊兵盡渡, 則衝突之禍, 迫在朝夕, 各領兵船於巨濟縣·永登浦等處, 巡視海道, 以示要截之狀. 將因衆寡不敵, 退駐漆川島地面, 去閑山四十餘里. 本月十五日夜半, 有大勢賊船, 將各兵圍薄, 元均及全羅右道水軍節度使李億祺, 忠淸道水軍節度使崔湖等, 俱被殺死. 慶尙右道水軍節度使裵楔, 以所領兵船一十二隻, 且戰且退, 旣退把截見乃梁海口. 等因.

又據陪臣慶尙等道都巡察使權慄馳啓.

面諭原任統制使李順臣, 招集潰散水兵, 整點遺下船隻, 以圖復守閑山. 等因.

據此. 已經備由咨報各該衙門. 仍督令李順臣·裵楔等, 急速招集整點. 又多添造船隻, 以備天兵恊勦之用. 去後, 今該前因, 竊照, 貴部院念小邦水兵孤弱, 不足以攔截海路, 欲以天朝水兵, 駕坐小邦船隻, 恊勢征勦, 計非偶然. 當職不勝感激. 不幸小邦閑山原住水兵, 爲因巡視海道, 前往永登前洋, 爲賊所襲, 陪臣元均·李億祺·崔湖等, 俱被殺死. 船隻盡皆焚燒, 惟陪臣裵楔, 獨以所管兵船, 退守見乃梁海口, 何能抵當大勢賊衆. 當職, 卽差陪臣李順臣, 再爲全羅左道水軍節度使, 仍統制三道水兵, 金億秋爲全羅右道水軍節度使, 權俊爲忠淸道水軍節度使, 恊同前項陪臣裵楔, 整點遺下船隻, 招集潰散水手, 爲復守閑山之計. 而所據船隻, 雖行整點, 如小邦水兵之用, 亦且不足, 恐無餘力, 可以添備閩·直官兵駕使船隻. 但念閑山不守, 則沿海腹裡無處, 不被其衝, 不特爲小邦門庭之憂. 今依咨內事理, 督令李順臣·裵楔等, 急速整點創造船隻, 招集添調水手, 聽候天兵, 撐駕協勦. 仍令総查整點, 創造過船隻, 并招集添調水手各數目, 明白回啓, 以憑咨報查考. 仍照本賊新破小邦水兵, 兇勢甚急, 而小邦水陸見在之兵孤弱如此. 煩乞貴部院洞察此中事勢, 亟加區畫, 將水陸後起官兵, 着令星夜前來, 合勢策應, 以濟大事, 不勝幸甚. 擬合咨復. 爲此, 合行回咨, 請照驗施行. 須至咨者.

右咨欽差總督經略軍門.

萬曆二十五年八月初五日.

발신: 조선국왕

사유: 요해지를 방수(防守)하는 일입니다.

[조선국왕] 본년(1597년) 7월 26일, 전사(前事)[63]와 관련해서 흠차총독계료보정등처군무겸리양향경략어왜병부상서겸도찰원우부도어사 형(개)의 자문을 받았습니다.

[형개] 과거에 처리한 관련 문서를 살펴보건대, 이보다 앞서 본부원은 왜노들이 수륙으로 모두 준비를 갖춘 것으로 파악했습니다. 「운운」.

63) 본 문서의 사안인 '爲防守要害事'를 가리킨다.

[조선국왕] 이를 받고서 병조(兵曹)에 문서를 보냈고 장계를 받았습니다.

[병조] 삼가 총독군문의 자문을 살펴보니, "속히 수병을 지휘하는 배신에게 문서를 보내어 이전 항목의 전선을 정비하거나 새로 만들어 40~50척 혹은 70~80척을 미리 마련하고 복건·직례의 수병이 이르는 때를 기다렸다가 그 나라의 수병과 함께 타고 협력해서 공격하도록 하십시오. 덧붙여 미리 갖춘 선척과 격군의 항목별 수효를 자문으로 보고하셔서 참고할 수 있도록 해 주십시오."라고 하였습니다. 삼가 살펴보건대, 현재 한산도의 수병은 이미 흩어졌고 선척도 이미 잃어버려서 비록 신임 통제사 이순신과 경상우도수군절도사 배설을 독려해 흩어진 병졸들을 불러 모으도록 하고 남은 배들을 점검하면서 또 새로이 배를 많이 제조해 천병[명군]과의 협동작전에 쓸 준비를 하도록 했지만 왜적의 상황이 급박하여 화가 눈앞에 닥친 형국이니 반드시 천조(天朝)의 수륙 병마가 밤을 새워 달려와 돕되 힘을 합치는 대책을 세워 응원해야만 아마도 일이 정돈될 것입니다. 한편으로는 이번에 받은 위의 자문 내용과 관련해 갖추어 본부원에 자문으로 보고하고 다른 한편으로는 이전 항목의 배신 이순신·배설을 엄히 독촉하여 급히 선척을 정돈하고 제조하며 격군을 더 조발해서 천병을 기다렸다가 함께 타고 협동작전을 펼치도록 하는 것이 어떨까 합니다. 덧붙여, 선척과 격군의 항목별 수효를 전부 조사해 회계(回啓)하도록 해서 이를 근거로 자문으로 보고해 참고할 수 있도록 해야 합니다.

[조선국왕] 갖춘 장계를 받고 살펴보니 이보다 앞서 본년(1597) 6월에 배신 경상등도도체찰사 이원익의 치계를 받았습니다.

[이원익] 본월 5일 이후부터 왜적의 배들이 변경을 따라 끊임없이 바다를 건너오고 있습니다. 한산도에 주둔한 수군통제사 원균 등의 관원들은 적병이 모조리 건너와 침공할 화가 아침저녁으로 닥쳐올 것이라고 보고 각각

병선을 이끌고 거제현의 영등포 등처에서 바닷길을 순시하며 차단하는 모습을 보였습니다. 중과부적이라 한산도로부터 40여 리의 거리에 있는 칠천도 지역으로 물러나서 주둔했습니다. 본월 15일 밤중에 대규모의 적선들이 나타나서 포위공격을 하자 원균과 전라우도수군절도사 이억기, 충청도수군절도사 최호가 모두 피살됐습니다. 경상우도수군절도사 배설은 이끌고 있던 12척의 병선을 거느리고 싸우면서 퇴주하여 파절하고 있던 견내량 해구(海口)로 이미 물러났습니다.

[조선국왕] 또 배신 경상등도도순찰사 권율의 치계를 받았습니다.

[권율] 원임통제사 이순신를 면유하여 흩어진 수병을 불러 모으고 남은 배들을 정돈하며 한산도를 수복해 지키기를 도모하도록 했습니다.

[조선국왕] 이를 받고 이미 사유를 갖추어 각 아문에 자문으로 보고하였습니다. 덧붙여, 이순신과 배설을 독려하여 속히 병사들을 불러 모아 점검하도록 했습니다. 또 새로이 많은 배를 건조하여 천병과의 협동작전에 쓰일 준비를 갖추도록 했습니다. 그러고 나서 이번의 자문을 받아 살펴보니, 귀부원이 소방의 수병들이 외롭고 약하여 바닷길을 차단하기에 충분치 않다는 점을 생각하여 천조의 수병으로 하여금 소방의 배에 올라타고 협세해 정벌하고자 하니 우연히 나온 계책이 아닙니다. 당직은 감격스러움을 억누를 수 없습니다. 불행히도 소방의 한산도에 원래 주둔하고 있던 수병이 바닷길을 순시하기 위해 영등포 앞바다로 나갔다가 적의 습격을 받았고 배신 원균·이억기·최호가 모두 살해됐습니다. 선척들은 모두 불타버렸고 오직 배신 배설이 홀로 관할 선척을 거느리고 견내량 해구로 물러나 지키고 있다고 하나, 어찌 능히 대규모의 적병을 저지할 수 있겠습니까.

당직이 즉시 배신 이순신을 파견해서 다시 전라좌도수군통제사로 삼았고 덧붙여 삼도의 수병을 통제하도록 했고 김억추를 전라우도수군절도사로 삼고 권준을 충청도수군절도사로 삼아 이전 항목의 배신 배설과 협동하여 남은 배들을 정돈하고 흩어진 수병들을 불러 모아서 한산도를 수복해 지킬 계획을 세우도록 했습니다. 그러나 앞서 언급한 배들이 비록 점검을 받았다고 하지만 소방의 수병들이 쓸 것도 오히려 충분하지 않은 듯하니 아마도 복건과 직예의 관병들이 타고 항해할 선척까지 추가로 갖출 여력이 없을 듯합니다. 다만 생각건대 한산도를 지키지 못한다면 연해의 안팎이 모두 그 공격에서 벗어나지 못할 것이니 소방의 앞마당 염려일 뿐만이 아닙니다. 지금 자문의 사리에 의거하여 이순신과 배설을 독려해 급히 선척을 점검하고 새로 건조하도록 하며 격군을 불러 모르고 또 새로 조발하도록 해서 천병을 기다렸다가 같이 타고 함께 정벌하도록 했습니다. 이어서, 새로 건조된 선척과 더불어 불러 모아 조발한 격군의 수효를 전부 조사해서 명백히 회계(回啓)하도록 하여 이를 근거로 자문으로 보고해 참고할 수 있도록 했습니다. 덧붙여, 이 왜적들이 새로이 소방의 수병들을 격파해 흉악한 형세가 더욱 급해졌음과 소방의 수군과 육군이 현재 이와 같이 외롭고 약하다는 점을 살펴주십시오. 번거롭더라도 바라건대, 귀부원에서는 이러한 사세를 통찰하시어 속히 (구원할) 계획을 더하시고 수륙의 후발 관병으로 하여금 날을 새서 달려와 힘을 합치는 대책을 세워 응원함으로써 대사를 이루도록 하신다면 더 없이 다행이겠습니다. 헤아려 보건대 마땅히 자문으로 회답해야 하겠습니다. 이에 마땅히 회자하니, 청컨대 살펴주십시오. 자문이 잘 도착하기를 바랍니다.

이 자문을 흠차총독경략군문에 보냅니다.

만력 25년 8월 5일.

21. 冬至表
26a-26b(197~198쪽)

朝鮮國王臣姓諱, 欽遇萬曆二十五年十一月十三日, 冬至令節, 謹奉表稱賀者.

臣諱誠歡誠忭, 稽首稽首上言.

伏以, 碩果不食, 載回休復之期, 一陽乃生, 式衍交泰之慶, 凡在普率, 悉均歡欣. 欽惟皇帝陛下, 龍德方中, 鴻圖滋固, 齊七政而立極, 百度惟貞, 定四時而履端, 萬物咸若, 玆當周正之届, 益膺殷命之宜. 伏念, 臣職缺守藩, 誠深戀闕, 乾大坤至, 莫替化育之功, 日昇月恒, 但申悠久之祝. 臣無任望天仰聖激切, 屛營之至, 謹奉表稱賀以聞.

萬曆二十五年十一月十三日, 朝鮮國王臣姓諱 謹上表.

조선국왕 신 이(李) 휘(諱)는 만력(萬曆) 25년 11월 13일 동지영절을 맞아 삼가 표문을 올려 하례 드립니다.

신 휘(諱)는 진실로 기뻐하면서 머리를 숙여 상언(上言)합니다.

삼가 보건대, 큰 공적이 끊기지 않고[64] 아름답게 회복되는[65] 시기가 다시 돌아오며, 일양(一陽)이 동지(冬至)에 발생해 천지의 기운이 만나는[66] 경사가 펼쳐지니 온 천하[67]가 모두 기뻐합니다. 공경히 생각건대, 황제 폐하께서는 군주의 덕목[68]으로 나라의 중흥을 일으키셨고[69] 나라의 큰 계획[70]을 더욱 굳건히 하셨기 때문에 칠정(七政)[71]을 가지런히 하고 표준을 세우사[72] 모든 법도가 올바로 됐으며[73] 사계절을 제대로 정해[74] 새롭게 하사[75] 만물이 기뻐

---

64) 원문 속 '碩果不食'은 군자의 경우 훌륭한 종자나 과일을 남겨두어 후일 수레에 담을 만큼의 수확을 이루지만, 소인의 경우 어려운 상황 속에서 절망한 채 오두막마저 허문다는 뜻이다. 어떤 조건에서도 훌륭한 결실이나 공적을 끊김이 없이 이어가는 노력을 강조하는 표현이다. 『周易』 弟23卦 「剝卦」(山地剝) 上九 碩果不食, 君子得輿, 小人剝廬. 여기서는 절기상 연중 낮이 가장 짧은 동지(冬至)에 겨울의 추위를 뚫고 양기(陽氣)가 다시 생겨나는 소생의 활력을 빗댄 표현이라고도 해석할 수 있다.

65) 원문의 '休復'은 아름답게 회복하거나 선한 것으로 되돌아간다는 뜻이다. 『周易』 弟24卦 「復卦」(地雷復) 六二 休復吉. 여기서는 동지의 추운 겨울에서부터 화창한 봄으로 회귀하는 지점이 다시 시작됨을 강조한 표현이다.

66) 원문의 '交泰'은 하늘과 땅이 만나는 것을 말한다. 『周易』 弟11卦 「泰卦」(地天泰). 여기서는 천지의 기운인 음양을 통해 만물이 이루어지는 때를 강조한 표현이라 할 것이다.

67) 원문의 '普率'은 보천솔토(普天率土)의 준말로 온 천하의 사람들 만백성이라는 뜻이다. 시경(詩經)의 "하늘 아래 모든 곳에 이르러 왕의 땅이 아닌 곳이 없으며 땅의 모든 물가에 이르기까지 왕의 신하가 아닌 자가 없다."라는 문구에서 인용됐다. 『詩經』 「小雅」 第7篇 北山. "普天之下, 莫非王土. 率土之濱, 莫非王臣".

68) 원문의 '龍德'은 임금의 덕을 말한다.

69) 원문의 "方中"은 시경(詩經)의 '定之方中'에서 인용된 어구로, 위나라가 외환으로 쇠퇴했을 때 위문공(衞文公)이 국력을 강화해서 나라를 부흥시킨 고사를 기반으로 하고 있다. 『詩經』 國風 「鄘風」 第6篇 定之方中. 여기서는 군주가 국정을 안정되게 운영하면서 국가를 번영시키는 것을 의미한다.

70) 원문의 '鴻圖'는 나라의 큰 계획을 뜻한다. 반고, 『漢書』 卷1 高帝紀上. "受命而興, 鴻圖惟始".

71) 원문의 '七政'은 일월과 오성으로 '천체의 운행'을 뜻한다.

72) 원문의 '立極'은 성인이 하늘의 뜻을 이어받아 표준을 세운 것을 말한다. 주희, 『大學章句』 「序文」.

73) 원문의 '百度惟貞'은 모든 규정을 올바르게 되도록 한다는 뜻이다. 서경(書經)의 "귀나 눈을 즐겁게 하는 것에 마음이 팔리지 아니하면 모든 법도가 올바로 될 것이다."라는 문구에서 인용됐다. 『書經』 卷7 「周書」

따르니[76], 이는 마땅히 주나라의 치도를[77] 궁극에 이르게 하는 것이고 더욱이 은나라의 마땅한 바[78]를 물려받은 것입니다. 삼가 생각건대, 신이 변방을 지키는 직분을 다하지 못하나 진정으로 황궁을 깊이 그리워하니 하늘과 땅처럼 지극히 큰 교화의 공을 아무도 바꾸지 못할 것이고 오직 해와 달처럼 늘 비추는 유구한 축원을 드립니다. 신은 성총(聖聰)을 우러러보는 간절함을 가눌 길 없어 변방의 끝에서나마 표를 올려 하례 드리며 아룁니다.

만력 25년 11월 13일 조선국왕 신 이(李) 휘(諱)가 삼가 표를 올립니다.

1, 旅獒. "不役耳目, 百度惟貞".

74) 원문의 '定四時'은 윤달을 넣어야 계절을 맞출 수 있고 이를 통해 일 년을 정확히 구성할 수 있다는 요임금의 말에서 유래한다. 『書經』 卷1 「虞書」 堯典. "朞三百有六旬有六日, 以閏月定四時, 成歲."

75) 원문의 '履端'은 모든 일에 올곧은 자세로 임한다는 뜻이다.

76) 원문의 '咸若'은 만물이 순응하며 기뻐 따르다는 뜻이다. 『書經』 卷1 「虞書」 堯典. 越庶邦, 越庶士, 鳥獸咸若.

77) 원문의 '周正'은 주나라의 역법에 따라 산정된 정월 초하루를 가리키며 좀 더 넓은 의미로 주나라의 치도(治道)를 말한다.

78) 원문의 '殷命'은 서경(書經)에서 망한 은나라 왕조를 가리킬 때 쓴 표현이다. 『書經』 卷5 「商書」 8, 西伯戡黎.

22. 方物表

27a-27b(199~200쪽)

朝鮮國王臣姓諱，右伏以七日來復，聿迓天降之休，萬國會同，敢修壤奠之禮.

謹備.

白苧布一十匹.

白綿紬二十匹.

龍文簾席二張.

滿花方席五張.

雜綵花席五張.

人參三十觔.

虎皮二張.

豹皮二張.

獺皮一十張.

連陸厚油紙五部.

花硯二面.

黄毛筆一百枝.

白扇一百把.

雜色馬一十匹.

右件物等, 產自荒遠, 品匪精奇, 豈稱享上之儀. 祇表由中之悃. 臣無任兢惶激切之至, 謹隨表奉進以聞.

萬曆二十五年十月[79]十三日, 朝鮮國王臣姓諱 謹上表.

조선국왕 신 이(李) 휘(諱)는 만유의 (올바른) 운행이 반복되니[80] 마침내 하늘로부터의 고결한 뜻[81]을 맞이해 만국이 회동하매 삼가 토산물을 바치는[82] 의례를 갖춥니다.

삼가 아래와 같이 갖춥니다.

백저포 10필, 백면주 20필, 용문렴석 2장, 만화방석 5장, 잡채화석 5장, 인삼 30근, 호랑이 가죽 2장, 표범 가죽 2장, 수달 가죽 10장, 연륙후유지 5부, 화연 2면, 황모필 100지, 백선 100파, 잡색마 10필.

---

79) 10월은 11월의 오기로 보인다.

80) 원문의 '七日來復'은 음양오행의 운행 주기를 상징하며 주역(周易)의 '反復其道, 七日來復'에서 유래한 표현이다. 『周易』 第24卦 「復卦」(地雷復).

81) 원문의 '天降之休'는 하늘에서 내리는 아름다움 또는 하늘의 숭고한 지시로 해석할 수 있다.

82) 원문의 '壤奠'는 토산물을 제사에 바치는 것을 말한다.

이와 같은 물건들은 황폐한 곳에서 산출된 것이라서 품질이 정교하거나 뛰어나지 못하니 어찌 의례에 바칠 만한 물건이라고 칭하겠습니까. 오로지 극진한 마음의 정성을 표시하려는 것입니다. 신은 황공하고 간절함을 가눌 길이 없어, 삼가 표(表)와 함께 봉진해 올립니다.

만력(萬曆) 25년 11월 13일, 조선국왕 신 이(李) 휘(諱)가 삼가 표문을 올립니다.

23. 謝恩表[83)]

27b-28b(200~202쪽)

朝鮮國王臣姓諱言, 萬曆二十五年七月十六日, 陪臣禮曹參判權悏, 回自京師, 欽蒙聖上軫念小邦與賊對壘, 兵器欠缺, 特賜太僕銀兩, 許買焰硝·硫黃·弓面·牛觔等, 各樣材料, 以資戰用, 臣與一國臣民, 不勝感激, 謹奉表稱謝者.

臣諱誠惶誠恐, 稽首稽首(上言).[84)]

伏以, 威張九伐,[85)] 方恢攘夷之功, 寵錫百朋, 獲紆除戒之具, 啣[86)]恩獨厚, 拜賜還慙. 伏念臣墜三韓之舊基,[87)] 綿一莒之殘業, 瘡痍未起, 憫泰寇之又

---

83) 본 문서 속의 표문 내용이 『宣祖實錄』과 『月沙集』에 실려 있다. 『宣祖實錄』 卷91, 宣祖 30年 8月 甲子(6日); 이정귀, 『月沙集』 卷57 表箋 欽賜焰硝弓角謝恩表. 다만, 『宣祖實錄』에는 '臣諱誠惶誠恐, 稽首稽首上言' 부분이 생략됐고 『月沙集』에는 표문의 본문에 해당하는 '伏以'부터 '倍殫北拱之誠'까지만 실려 있다.

84) 표문의 형식어구이므로 '稽首稽首' 뒤에 '上言'이 들어가야 할 것이나 생략된 것으로 보인다.

85) 『宣祖實錄』에는 '威傳九夏'로 기재돼 있다. 이 경우 일반적으로 '구(九)'는 많음 또는 완전함을 상징하고 하(夏)는 중원을 가리킨다는 수사적 관용을 고려할 때, 구하(九夏)는 온 나라, 천하, 만방 등으로 해석할 수 있다.

86) 『宣祖實錄』과 『月沙集』에는 '銜'로 기재돼 있다. 의미상 차이가 없다.

87) 『月沙集』에는 '臣'이 생략돼 있다.

來, 疆圉卒荒, 悲魯削之滋甚. 念玆軍械之欠缺, 其奈國計之空虛. 疾痛必呼, 惟恃父母之過愛, 緩急是諒, 輒荷乾坤之曲全. 爰發太僕之兼珍, 俾資下邦之利用, 準[88]關石以易賣, 悉防侵欺, 雇餘[89]金以轉輸, 並免稽滯. 征繕可底於克詰, 備禦足藉乎良材, 强弩射䟕, 喜神武之遐暢, 烈砲震遠, 佇妖氣之廓淸. 師旅騰歡,[90] 壁壘增固. 玆盖[91]伏遇皇帝陛下[92]廣運德大, 博施仁隆, 軫衰微之莫支, 屢加拯濟, 憤兇逆之益肆, 洊[93]行殄殲. 遂令敝藩偏被洪造, 臣敢不卧薪思奮, 結草圖酬.[94] 殺賊告成, 少弛東顧之慮, 瞻天薦壽, 倍殫北拱之誠. 臣無任望天仰聖激切, 屛營之至, 謹奉表稱謝以聞.

萬曆二十五年八月初六日, 朝鮮國王臣姓諱 謹上表.

조선국왕 신 이(李) 휘(諱)는 만력 25년 7월 16일 배신 예조참판 권협이 경사(京師)에서 돌아오는 길에 성상께서 소방(小邦)이 적과 더불어 대치함에 병기가 부족함을 진념하셔서 특별히 태복시(太僕寺)의 은량을 하사해 염초·유황·궁면·우근의 각종 재료를 구매하고 전쟁의 쓰임에 보태도록 하셨으니, 일국(一國)의 신민과 더불어 감격을 이기지 못하여 삼가 표문을 올려 감사를

88) 『宣祖實錄』에는 '准'로 기재돼 있다. 의미상 차이가 없다.

89) 『宣祖實錄』에는 '呼'로 기재돼 있다. 의미상 차이가 없다.

90) 『宣祖實錄』에는 '懽勝'으로 기재돼 있다. 이 경우 '승전을 기뻐하다'라는 의미로 해석될 수 있다.

91) 『月沙集』에는 '玆盖'가 생략돼 있다.

92) 『月沙集』에는 '皇帝陛下'가 생략돼 있다.

93) 『宣祖實錄』과 『月沙集』에는 '荐'로 기재돼 있다. 의미상 차이가 없다.

94) 『月沙集』에는 '臣'이 생략돼 있다.

드립니다.

신 휘(諱)는 진실로 기뻐하면서 머리를 숙여 상언(上言)합니다.

구벌(九伐)[95]의 위엄을 널리 떨치셔서 바야흐로 오랑캐[왜적]를 물리치는 공을 넓힐 수 있었고 풍부한 경제적 지원[96]의 혜택을 베푸셔서 오랑캐를 제거하는 도구를 받잡았는데 받든 은혜가 유달리 두터우니 사은하면서도 오히려 부끄럽습니다. 삼가 생각건대, 삼한의 옛터를 잃고 하나의 작은 방국[97]으로 약해질 대로 약해진 나라[98]를 근근이 이어오다가 (전쟁의) 상처가 아직 회복되지 않았는데, 큰 무리의 도적[왜적]이 또 쳐들어와 근심스럽고 변방이 마침내 황폐해져 영토가 더욱 줄어드니 슬픕니다. 우리 군사[조선군]에게 병기가 부족함을 생각하나 나라에서 세울 대책이 없으니 어찌하겠습니까. 고통이 찾아오면 반드시 [부모에게 달려가] 부르짖는 것은 오직 부모의 지나친 사랑을 믿기 때문인데, 급박한 사정을 헤아려 주셔서 창졸간에 천지의 곡진한 은혜를 입었습니다. 태복시의 귀한 물품[99]을 곧바로 내어 하방[조선]이 이용할 수 있도록 하시되, 엄정한 법도[100]에 따라 매매하도록 함으로써 속임수를 방지하셨

95) 원문의 '九伐'은 천자의 정벌을 의미한다. 은나라 고종, 즉 무정(武丁)이 변방의 곤오국(昆吾國)을 아홉 번 정벌한 사건에서 유래한 표현이다. 『書經』 卷7 「周書」 胤征. "厥高祖之世, 有商祖伊尹, 宅殷土, 作高宗, 九伐昆吾, 服厥罪, 以距王怒".

96) 원문의 '百朋'은 많은 돈이나 녹을 가리킨다. 『詩經』 卷9 「小雅」 10, 菁菁者莪. "菁菁者莪, 在彼中陵. 既見君子, 錫我百朋".

97) 원문의 '莒'는 춘추 시대의 작은 제후국인 거국(莒國)을 가리킨다.

98) 원문의 '殘業'은 문맥상 쇠약해진 나라로 해석하는 것이 타당하다.

99) 원문의 '兼珍'은 일반적으로 진귀한 물품을 의미한다. 범엽, 『後漢書』 卷3 紀3 「肅宗章帝紀」 壬戌 十二月癸巳. "孝明皇帝, 聖德淳茂, 劬勞日昃, 身禦驕衣, 食無兼珍."

100) 원문의 '關石'은 볍도, 규격, 규범을 뜻한다. 서경(書經)의 한 구절인 '關石和鈞'에 등장하는데 석(石)과 균(鈞)은 각각 120근과 30근의 저울추를 의미한다. 『書經』 卷3 「夏書」 3, 五子之可.

고 남은 금전으로 품꾼을 구해 수송함으로써 운송에 지체됨이 없도록 하셨습니다. 그리하여 군비를 잘 갖출 수 있게 되고 (對일) 방어에 있어 충분히 좋은 재료를 확보했으니, 강궁의 화살이 멀리 날아 뛰어난 무용을 널리 떨치길 바라고 세찬 포환이 멀리까지 진동해 (왜적의) 요망한 기운을 소탕하길 기대합니다. 군사들은 발을 구르며 기뻐하고 성벽과 보루는 더욱 견고해졌습니다. 지금 황제폐하께서 크신 덕정을 널리 시행하시고 융성한 인애를 널리 베푸셨으니, (조선이) 쇠미해 거의 지탱하지 못할 것을 걱정하사 여러 차례 (환란에서) 건져 구원해 주시고 흉적이 더욱 방자해지는 것에 분노하사 연거푸 섬멸해 주셨습니다. 마침내 저희나라로 하여금 하늘의 큰 은혜를 입도록 하셨으니 감히 와신상담의 자세로 분발하고 결초보은의 마음으로 도모하지 않겠습니까. 적을 죽이고 승전을 알려 조금이나마 동쪽을 돌아보시는 우려[101]를 누그러뜨리고 하늘을 우러러 축수하며 섬기는 정성을[102] 더욱 다하겠습니다. 신은 하늘을 바라보고 성총(聖寵)을 우러러 보는 간절함을 가눌 길이 없어 변방의 끝에서나마 삼가 표를 받들어 하례 드리며 아룁니다.

만력 25년 8월 6일, 조선국왕 신 이(李) 휘(諱)가 삼가 표(表)를 올립니다.

---

101) 원문의 '東顧之廬'는 당시 명 조정이 조선에서 벌어지는 전쟁에 대해 지니고 있었던 우려를 드러낸 표현으로 쓰였다.

102) 원문의 '北拱'은 남면(南面)과 대조되는 표현으로 제후나 신하의 위치를 말한다. 문맥상 '명나라를 대국으로 예우한다'는 의미로 해석할 수 있다.

24. 方物表

28b-29a(202~203쪽)

朝鮮國王臣姓諱, 右伏以必先利器, 驚錫命於自天, 何以報恩, 效非儀於執壤.

謹備.

白苧布一十匹.
白綿紬一十匹.
黃花席五張.
滿花席五張.
滿花方席五張.
雜綵花席五張.
人參二十觔.
豹皮二張.

右件物等, 產從荒僻, 品匪珍奇, 聊輸獻御之忱, 敢擬充庭之享. 臣無任兢惶激切之至, 謹隨表奉進以聞.

萬曆二十五年八月初六日, 朝鮮國王臣姓諱 謹上表.

조선국왕 신 이(李) 휘(諱)는 병기를 기어코 선뜻 내주셨기에 하늘로부터 하사받은 명에 놀라 어떻게 보은할 수 있겠습니까만 토산물로서 하례하는 예물[103]을 올리며 경의를 표합니다.[104]

삼가 아래와 같이 갖춥니다.

백저포 10필, 백면주 10필, 황화석 5장, 만화석 5장, 만화방석 5장, 잡채화석 5장, 인삼 20근, 표범 가죽 2장.

이와 같은 물건들은 산지가 비루하고 멀어서 진귀하지는 않지만 그나마 정성어린 마음으로 진공하며 감히 궁중에 어울릴 만한 예물로 삼고자 할 뿐입니다. 신은 황송하고 간절함을 가눌 길이 없어 삼가 표(表)와 함께 봉진해 올립니다.

만력(萬曆) 25년 8월 6일, 조선국왕 신 이(李) 휘(諱)는 삼가 표를 올립니다.

103) 원문의 '菲儀'는 경조 물품을 가리킨다.

104) 원문의 '執壤'은 지방에서 해당 지역의 산물을 중앙 정부나 국가에 바치는 행위를 뜻하며, 여기서는 조선이 명으로부터 화기(火器) 구매를 성사한 후 특산품을 보내 감사의 뜻을 드러낸 것을 의미한다.

25. 慈聖皇太后前進獻禮物狀

29a-29b(203~204쪽)

朝鮮國王臣姓諱, 謹備慈聖宣文明肅皇太后陛下進獻禮物.

白苧布五匹.

白綿紬一十匹.

滿花方席四張.

雜綵花席四張.

白扇五十把.

右件物等謹奉進以聞.

萬曆二十五年十一月十三日, 朝鮮國王臣姓諱.

조선국왕 신 이(李) 휘(諱)는 삼가 아래와 같이 자성선문명숙황태후폐하께 진헌하는 예물을 갖춥니다.

백저포 5 필, 백면주 10필, 만화방석 4장, 잡채화석 4장, 백선 50자루.

이 물건들을 삼가 봉진해 올립니다.

만력 25년 11월 13일, 조선국왕 신 이(李) 휘(諱).

# 26. 中宮殿前進獻禮物狀
29b(204쪽)

朝鮮國王臣姓諱, 謹備中宮殿下進獻禮物.

白苧布五匹.

白綿紬一十匹.

滿花方席四張.

雜綵花席四張.

白扇五十把.

右件物等謹奉進以聞.

萬曆二十五年十一月十三日, 朝鮮國王臣姓諱.

조선국왕 신 이(李) 휘(諱)는 삼가 아래와 같이 중궁 전하께 진헌하는 예물을 갖춥니다.

백저포 5 필, 백면주 10필, 만화방석 4장, 잡채화석 4장, 백선 50자루.

이 물건들을 삼가 봉진해 올립니다.

만력 25년 11월 13일, 조선국왕 신 이(李) 휘(諱).

27. 請禮部聞奏咨
29b-30a(204~205쪽)

朝鮮國王,

爲 進賀 事.

欽遇萬曆二十五年十一月十三日, 冬至令節, 修撰到進賀表文, 併備進獻禮物, 差陪臣戶曹參判奇自獻, 齎擎管領前赴京師進賀外, 今將禮物開坐, 合行移咨, 請照驗聞奏施行. 須至咨者.

一. 白苧布一十匹 禮物上同
一. 雜色馬 一十匹

右咨禮部.

萬曆二十五年八月初六日.

발신: 조선국왕
사유: 진하하는 일입니다.

삼가 만력 25년 11월 13일 동지영절(冬至令節)을 맞아 진하 표문을 짓고 아울러 진하하는 예물을 갖추어 배신 호조참판 기자헌을 파견하여 전적으로 책임을 맡겨 경사[북경]로 가서 진하하도록 하는 것 외에도, 지금 예물을 열거하여 마땅히 자문을 보내니 청컨대 살펴서 주문(奏聞)해 주십시오. 자문이 잘 도착하기를 바랍니다.

하나. 백저포 10필. 예물은 위와 같습니다.
하나. 잡색마 10필.

이 자문을 예부에 보냅니다.

만력 25년 8월 6일.

28. 請禮部聞奏咨
30a-30b(205~206쪽)

朝鮮國王,

爲 進賀 事.

欽遇萬曆二十五年十一月十三日, 冬至令節, 差陪臣戶曹參判奇自獻, 齎領進賀表文 · 禮物赴京, 并齎慈聖宣文明肅皇太后陛下, 進獻禮物前去. 今將禮物開坐, 合行移咨, 請照驗聞奏施行. 須至咨者.

一. 白苧布五匹 禮物上同

右咨禮部.

萬曆二十五年八月初六日.

발신: 조선국왕

사유: 진하하는 일입니다.

삼가 만력 25년 11월 13일 동지영절(冬至令節)을 맞아 배신 호조참판 기자헌을 파견하여 진하 표문과 진하하는 예물을 가지고 경사[북경]로 나아가도록 하고 아울러 자성선문명숙황태후 폐하께 진헌하는 예물을 가지고 가도록 했습니다. 지금 예물을 열거하여 마땅히 자문을 보내니 청컨대 살펴서 주문(奏聞)해 주십시오. 자문이 잘 도착하기를 바랍니다.

하나. 백저포 5필. 예물은 위와 같습니다.

이 자문을 예부에 보냅니다.

만력 25년 8월 6일.

29. 請禮部聞奏咨
30b-31a(206~207쪽)

朝鮮國王,

爲 進賀 事.

欽遇萬曆二十五年十一月十三日, 冬至令節, 差陪臣戶曹參判奇自獻, 齎領進賀表文·禮物赴京, 幷齎中宮殿下, 進獻禮物前去. 今將禮物開坐. 合行移咨, 請照驗聞奏施行. 須至咨者.

一. 白苧布五匹 禮物上同.

右咨禮部.

萬曆二十五年八月初六日.

발신: 조선국왕

사유: 진하하는 일입니다.

삼가 만력 25년 11월 13일 동지영절(冬至令節)을 맞아 배신 호조참판 기자헌을 파견하여 진하 표문과 진하하는 예물을 가지고 경사[북경]로 나아가도록 하고 아울러 중궁 전하께 진헌할 예물을 가지고 가도록 했습니다. 지금 예물을 열거하여 마땅히 자문을 보내니 청컨대 살펴서 주문(奏聞)해 주십시오. 자문이 잘 도착하기를 바랍니다.

하나. 백저포 5필. 예물은 위와 같습니다.

이 자문을 예부에 보냅니다.

만력 25년 8월 6일.

# 30. 請給曆日咨
31a(207쪽)

朝鮮國王,

爲 曆日 事.

萬曆二十六年大統曆日, 理依照例咨請. 煩爲照驗聞奏, 頒降施行. 須至咨者.

右咨禮部.

萬曆二十五年八月初六日.

발신: 조선국왕

사유: 역일(曆日)에 관한 일입니다.

만력 26년(1598) 대통력일을 예규에 따라 자문으로 요청합니다. 번거롭더라도 살펴 상주하셔서 반포하도록 해 주십시오. 자문이 잘 도착하기를 바랍니다.

이 자문을 예부에 보냅니다.

만력 25년 8월 6일.

31. 請護送咨
31a-31b(207~208쪽)

朝鮮國王,
爲 進賀 事.

欽遇萬曆二十五年十一月十三日, 冬至令節, 差陪臣戶曹參判奇自獻, 齎領進賀表文·禮物, 幷齎謝恩表文·禮物前赴京師, 經由貴治馳驛前去. 合行移咨, 請照驗護送施行. 須至咨者.
右咨遼東都指揮使司.

萬曆二十五年八月初六日.

발신: 조선국왕
사유: 진하하는 일입니다.

삼가 만력 25년 11월 13일 동지영절(冬至令節)을 맞아 배신 호조참판 기자헌을 파견하여 진하 표문과 예물, 그리고 사은 표문과 사은하는 예물을 가지고 경사로 나아가도록 하였는데, 귀하의 관할 지역 역참을 경유하여 가게 됩니다. 마땅히 자문을 보내니 청컨대 살펴서 호송해 주십시오. 자문이 잘 도착하기를 바랍니다.

이 자문을 요동도지휘사사에 보냅니다.

만력 25년 8월 6일.

32. 本國加備粮餉

31b-33a(208~211쪽)

朝鮮國王,

爲 加備粮餉 事.

據戶曹狀啓.

該本曹判書金晬, 在忠淸·全羅地方, 遵依總督軍門·經理都院分付事理, 將該納粟拜官, 納米免罪等規例, 勸諭軍民, 加備糧餉. 忠淸道米該三千五百二十五石·豆該八千一百八十三石, 全羅道米該四千七百六十三石·豆該一萬二百三十四石, 又該京畿觀察使洪履祥, 黃海道觀察使柳永詢等, 亦將前項規例, 勸諭加備, 京畿米該二千五百二十一石·豆該八百五十六石, 黃海道米該二千九百一十八石·豆該五千四百三十四石. 此俱係沿路一十五大站, 原貯糧餉外, 加備之數. 合無備查, 移咨經理都院稟知. 相應. 等因.

據此. 查照, 先該, 本年月日不等, 節准総督軍門及貴院咨, 俱要勸諭軍民, 加備糧餉, 已經責令陪臣戶曹判書金晬馳往忠淸·全羅等道, 勸諭軍民, 加備糧餉. 忠淸道米豆, 分貯忠州·公州等處, 全羅道米豆, 分貯全州·南原等處, 以備各營糧餉接濟之用. 又令京畿·黃海等道觀察陪臣洪履祥等, 亦一體勸諭加備. 去後, 近又節據貴院伺候陪臣李得馨狀啓, 屢蒙分付, 俱係急要措辦糧餉勾當, 方轉行, 前項陪臣金睟等十分催併間, 今該前因. 竊照, 所據勸諭加備過, 忠清道米三千五百二十五石·豆八千一百八十三石, 全羅道米四千七百六十三石·豆一萬二百三十四石, 及京畿米二千五百二十一石·豆八百五十六石, 黃海道米二千九百一十八石·豆五千四百三十四石, 俱係沿路一十五大站, 原貯糧餉外, 加備之數. 仍照小邦酷被殘破, 田土抛荒, 近雖數年稍稔, 所耕纔十之一二. 當職責令該管陪臣, 將該拜官·免罪等規例, 多方勸諭, 而加備米豆, 止有此數. 當職, 不勝憂悶. 擬合咨稟. 爲此, 合咨前去, 煩爲查照施行. 須至咨者.

右咨欽差經理朝鮮軍務都察院.

萬曆二十五年八月初十日.

발신: 조선국왕

사유: 양향(粮餉)을 더 갖추는 일입니다.

[조선국왕] 호조의 장계를 받았습니다.

[호조] 본조의 판서 김수는 충청도와 전라도 지방에 있으면서 총독군문과 경리도원이 분부한 내용에 따라 준행해서 납속미를 받고 관직을 제수하거나 쌀을 내면 죄를 면해 주는 규례로 군민들을 권유해 양향을 더 갖추었습니다. 충청도에서는 쌀 3,525석과 콩 8,183석을, 전라도에서는 쌀 4,763석과 콩 10,234석을, 또 경기도관찰사 홍이상과 황해도관찰사 유영순도 앞선 항

목의 규례를 통해 권유해 더욱 갖추었는데 경기도에서는 쌀 2,521석과 콩 856석을, 황해도에서는 쌀 2,918석과 콩 5,434석입니다. 이는 모두 도로에 연한 15개의 큰 역참에 관계된 것으로, 원래 저축해둔 양향 외에 추가로 갖춘 수효입니다. 참조할 수 있도록 경리도원에 자문을 보내어 보고해서 알리는 것이 어떨까 합니다.

[조선국왕] 이를 받고 조사해 보건대, 이보다 앞서 본년 다른 월일에 여러 차례 총독군문과 귀원(貴院)으로부터 받은 자문에 모두 군민들을 권유하여 양향을 더 준비해야 한다고 했기에 이미 배신 호조판서 김수에게 책임을 지워 충청도와 전라도로 가서 군민들을 권유하여 양향을 추가로 갖추도록 했습니다. 충청도의 쌀과 콩은 충주와 공주 등지에 나누어 비축해 두었고 전라도의 쌀과 콩은 전주와 남원 등처에 나누어 저축해두었으며 이로써 각 영에 접제할 양향의 쓰임에 대비하도록 했습니다. 또 경기도와 황해도의 관찰사인 배신 홍이상 등에게도 일체로 권유하여 추가로 갖추도록 했습니다. 그 뒤에 얼마 전에는 귀원의 사후배신 이덕형으로부터 여러 차례 「누차 분부를 받들었는데 모두 담당한 양향을 속히 마련해야 하는 사안과 관계되는 것입니다.」라는 장계를 받아 이제 막 전행(轉行)해 앞선 항목의 배신 김수 등을 매우 독촉하는 사이에 이번에 위의 자문을 받았습니다. 살펴보건대, 앞서 언급한 (군민들을) 권유해서 추가로 준비한 충청도의 쌀 3,525석과 콩 8,183석, 전라도의 쌀 4,763석과 콩 10,234석 그리고 경기도의 쌀 2,521석과 콩 856석, 황해도의 쌀 2,918석과 콩 5,434석은 모두 도로에 연접한 15개의 큰 역참에 관계된 것으로, 원래 저장해둔 양향 이외에 추가로 갖춘 수효입니다. 덧붙여 살펴보건대, 소방이 혹독하게 잔파돼 토지가 황폐하기에 비록 최근 수년간 조금 (사정이) 나아졌지만, 경작한 것이 겨우 10분의 1, 2 정도입니다. 당직은 해당 관할 배신들에게 책임을 지워 관직을 제수하거나 죄를 면해 주는 규례를 통해 다방

면으로 권유하도록 했으나 추가로 준비한 쌀과 콩이 단지 이 정도의 수효에 그쳤습니다. 당직은 매우 염려되고 걱정스럽습니다. 헤아려 보건대, 마땅히 자문으로 알려야 하겠습니다. 이에 마땅히 자문을 보내니 번거롭더라도 살펴주시길 바랍니다. 자문이 잘 도착하기를 바랍니다.

이 자문을 흠차경리조선군무도찰원에 보냅니다.

만력 25년 8월 10일.

33. 本國咨報倭犯全羅
33a-37a(211~219쪽)

朝鮮國王,

爲 賊兵已逼腹裏, 聲息十分緊急 事.

該本年八月初三日, 據陪臣慶尙左道水軍節度使裵楔馳啓.

　哨探人金貴延告稱.

　　七月十八日, 有賊船一十餘隻, 自固城地方, 行使內三隻, 先到蛇梁登岸, 搶掠.

　哨探軍官田汝天報稱.

　　有大勢賊船, 向所非浦, 行使先鋒, 約六七隻, 已到三千鎭. 等因.

又該本日, 據陪臣慶尙右道兵馬節度使金應瑞馳啓.

　按伏將文愼言飛報.

　　七月二十日, 有賊船不記其數, 自加德向閑山, 陸續行使. 又有倭賊不記其數, 分二起, 從陸前進.

　按伏將崔堈飛報.

　　有賊船一十餘隻, 到固城縣竹島, 焚燒村房, 登高瞭望. 閑山等處, 有倭賊方行搶掠, 烟焰漲天. 等因.

又該本月初四日, 據陪臣慶尙道觀察使李用淳馳啓.

走回人金原等告稱.

聽得, 賊將淸正, 要與各營合勢, 衝突右道, 仍直向全羅, 爲蹂躪之計, 而有賊將奈花赤, 領衆一萬名, 已到對馬島, 待候風迅, 淸正要待本賊過海然後發動, 因此, 日期在於本月初五日・初十・十五等日. 又看得淸正, 將原駐營柵, 付與副將看守, 親自領兵於城外駐箚, 節制各營賊將, 兵勢甚盛. 等因.

又該本月初六日, 據陪臣慶尙等道都體察使李原翼馳啓.

原差軍官金原凱報稱.

據哨探人告說.

各賊商議, 本月初三日, 淸正等七箇賊將, 從陸路, 分爲二起. 一起自密陽歷高靈・星州, 一起自咸安歷宜寧・晉州, 俱會于雲峯, 以窺南原, 駕船五箇賊將, 從海路, 分爲三起. 一起自豆恥津, 一起興陽縣, 一起自羅州登岸, 俱會于全州, 與陸賊再議, 或衝犯忠淸, 或直向京城. 即目陸路先鋒, 已到昌原, 海路賊舡, 已到全羅. 又有各起賊船, 泝洛東江, 張帆行使, 向星州地方. 等因.

又該本月初七日, 據陪臣慶尙右道兵馬節度使金應瑞馳啓.

被脅人崔億告稱.

有賊將豐茂守顯說, 全羅一道人命, 非但盡殺, 禽獸亦且無遺. 賊將豐直茂, 已於金海府城外五里地面, 領兵出駐. 等因.

又該本月初九日, 據陪臣慶尙等道都體察使李原翼馳啓.

慶尙等道都巡察使權慄飛報.

據哨探人等告稱.

有倭賊已到順天地方, 焚燒石富倉房.

慶尙右道兵馬節度使金應瑞飛報.

本月初三日, 有一起倭賊, 不期其數, 自晉州歧江前進, 有一起倭賊, 不期其數, 自固城縣春原浦, 歷泗川地方, 進涉晉州南江, 焚掠本州村坊.

慶尙右道防禦使郭再祐飛報.

本月初三日酉時, 有賊船一十三隻, 進到昌寧縣地方, 於界里等處抛泊. 等因.

又該本月十一日, 據陪臣慶尙等道都體察使李原翼馳啓.

慶尙等道都巡察使權慄飛報.

有賊船七隻, 於草溪郡地方登岸, 焚掠. 又有賊船二隻, 已到玄風縣石門地方. 等因.

各具啓. 據此. 爲照, 自閑山水兵敗潰之後, 不特賊船西搶之路, 蕩無隄備, 陸路諸城, 亦皆喪膽. 而卽目各處倭賊, 旣已變動, 行長·淸正·豊直茂等, 水陸分路, 一齊進搶, 聲勢十分浩大. 海路之賊, 分搶固城·河東·泗川·晉州之地, 而已抵順天, 沿路之賊, 已及玄風, 陸路之賊, 已漫於昌原·宜寧之間. 雖各處哨報之說, 互有參差, 而大槩玄風去忠州副揔兵吳駐箚處所, 纔四五日程. 晉州·順天去南原副揔兵楊駐箚處所, 纔一二日程. 兩處官兵, 雖把截要口, 扼伊前進之勢, 而竊慮衆寡不敵. 鎭守總兵官痲, 已分遊擊陳所領官兵二千五百員名, 進駐全州, 而全州亦爲伊賊聲言會犯之地, 二千五百之兵, 守一全州, 亦恐不足, 難爲南原後援. 忠州又全無後援, 雖欲又分鎭守痲所統官兵, 進前相援, 所據官兵亦不滿萬. 拒守京城, 猶且不足. 且雖有小邦原鍊軍兵若干之數, 奕栗恇怯, 不足以恊助天兵, 欄截大勢之賊. 煩乞貴院急調薊·遼近地官兵一萬餘員名, 星夜馳進, 一同鎭守麻所領官兵, 策應各處. 仍嚴催後頭浙·陜·川馬兵, 刻期前進, 着令及時征勦. 仍照小邦糧餉十分缺乏, 先此乞暫駐川·陜兵馬, 於鴨綠迤西者, 正憂支供之不繼, 非謂兵少亦可勦賊. 當職, 節准總督軍門及貴院監軍海防道, 屢次咨會事理, 另設事目, 責令陪臣戶曹判書金睟等, 前往忠淸·全羅等道, 勸借民間, 該辦之數, 可穀二三萬兵, 數月之食. 仍乞督運山東等處, 本色於氷合之先, 節次運到, 以濟軍餉, 畢殲兇賊, 不勝幸甚. 禍迫焚眉, 不憚煩瀆, 更乞曲加哀矜, 急速救援. 擬合咨稟. 爲此, 合行移咨, 請照驗施行. 須至咨者.
右咨欽差總督經略軍門·欽差經理朝鮮軍務都察院.

萬曆二十五年八月十二日.

발신: 조선국왕
사유: 왜적이 이미 내지를 핍박하고 있어 소식을 전하는 일이 매우 긴급한 일입니다.

[조선국왕] 본년 8월 3일, 배신 경상좌도수군절도사 배설의 치계를 받았습니다.

[배설] 초탐인 김귀연이 다음과 같이 보고했습니다.

[김귀연] 7월 18일 고성 지방으로부터 적선 10여 척이 왔는데 그 가운데 3척이 먼저 사량진 강기슭에 상륙해 약탈했습니다.

[배설] 초탐군관 전여천이 다음과 같이 보고했습니다.

[전여천] 대규모의 적선들이 소비포 방향으로 향했는데 그 가운데 선봉인 약 6~7척이 이미 삼천진에 도착하였습니다.

[조선국왕] 또 같은 날, 배신인 경상우도병마절도사 김응서의 치계를 받았습니다.

[김응서] 안복장 문신언의 비보(飛報)를 받았습니다.

[문신언] 7월 20일 그 수를 셀 수 없을 정도로 많은 적선들이 가덕도로부터 한산도로 향해서 계속 가고 있습니다. 또 그 수를 셀 수 없을 정도로 많은 왜적들이 두 갈래로 나누어 육로로 전진하고 있습니다.

[김응서] 안복장 최강의 비보를 받았습니다.

[최강] 적선 10여 척이 고성현의 죽도에 도착해서 마을의 가옥들을 불사르고 고지대에 올라 형세를 살피고 있습니다. 한산도 등처에는 왜적들이 바야흐로 약탈하고 있는데 연기와 화염이 하늘을 찌릅니다.

[조선국왕] 또 같은 달 4일 배신 경상도관찰사 이용순의 치계를 받았습니다.

[이용순] 주회인 김원 등이 다음과 같이 보고했습니다.

[김원 등] 적장 기요마사는 각 진영과 합세해 (경상)우도를 공격하고 이어서 곧장 전라도로 향하여 유린하고자 계획을 세우고 있으며 적장 내화치(奈花赤)[105]는 1만여 명의 무리를 이끌고 이미 대마도에 도착해서 바람을 기다리고 있다고 하는데, 기요마사가 이 왜적들이 바다 건너기를 기다린 연후에 발농할 것이며 이로 인해서 기약한 일자가 본월 5일·10일·15일

---

105) 당시 일본 인명 중 한자의 '八', 즉 일본 발음으로 '하치'로 끝나는 경우가 많았다. 문맥상 가토 기요마사의 휘하 장수였을 가능성이 높다. 앞의 문서 7에 나타나는 미노베 기하치로(美濃部喜八郎)의 이름 중 喜八(KIHACHI)을 음차 표기하는 과정에서 奈花赤(NAHACHI)로 잘못 옮겨 적은 것으로 추정된다. 본 해석은 후쿠오카여자대학의 사지마 아키코 (佐島顕子) 교수의 세심한 자문에 힘입은 바 크며, 이에 깊은 사의를 표한다.

이라고 들었습니다. 또 살펴보건대, 기요마사가 원래 주둔하던 군영을 부장에게 맡겨 간수하도록 하고 친히 군대를 거느리고 성 밖에 주둔하면서 모든 진영의 적장들을 절제하고 있는데 군대의 위세가 몹시 성대합니다.

[조선국왕] 또 같은 달 6일 배신 경상도등도도체찰사 이원익의 치계를 받았습니다.

[이원익] 원차군관 김원개가 다음과 같이 보고했습니다.

[김원개] 초탐인이 보고했습니다.

[초탐인] 모든 왜적들이 상의하기를, 본월 3일 기요마사 등 7명의 적장들은 육로를 따라 두 갈래로 나뉘어 한 갈래는 밀양으로부터 고령·성주를 지나고 한 갈래는 함안으로부터 의령·진주를 지나 모두 운봉에서 모여 남원을 엿보며, 배에 올라탈 5명의 적장들은 해로를 따라 세 갈래로 나뉘어 한 갈래는 두치진(豆恥津)[106]으로부터, 한 갈래는 흥양현(興陽縣)[107]으로부터, 한 갈래는 나주(羅州) 강기슭에 상륙해 모두 전주에서 모인 후에 육로로 진격한 적장들과 더불어 충청도를 공격할 것인지 혹은 경성(京城)으로 곧장 향할 것인지를 다시 의논한다고 합니다. 현재 육로의 선봉은 이미 창원에 도착했고 해로의 적선들은 이미 전라도에 도착했습니다. 또한 각지에서 출몰한 적선들이 낙동강을 거슬러 올라가 돛을 펼치고서 성주 지방으로 향하고 있습니다.

---

106) 하동군에 있는 나루터로 섬진강 하구의 주요 길목이었다. 정유재란 발발 이전부터 조선에서는 일본군이 낙동강 서쪽 지역을 공격할 때 지나갈 통로 중 하나로 인식하고 있었다. 『宣祖實錄』 卷53, 宣祖 27年 7月 癸巳(17日).

107) 고흥군의 옛 지명으로 이순신 장군이 수군만호로 부임한 발포진(鉢浦鎭)이 위치했던 곳이기도 하다. 『正祖實錄』 卷50, 正祖 22年 12月 戊申(19일).

[조선국왕] 또 같은 달 7일에는 배신 경상우도병마절도사 김응서의 치계를 받았습니다.

[김응서] 피로인 최억이 다음과 같이 보고했습니다.

[최억] 적장 토요 시게모리[108]는 대놓고 "전라도의 인명을 모조리 죽이는 데 그치지 않고 짐승까지도 모조리 죽여서 하나도 남기지 않겠다."라고 말했습니다. 적장 토요 나오시게[109]는 이미 김해부 성 밖 5리 지역에 군대를 이끌고 나와서 주둔하고 있습니다.

[조선국왕] 또 같은 달 9일 배신 경상도등도도체찰사 이원익의 치계를 받았습니다.

[이원익] 경상도등도순찰사 권율의 비보입니다.

[권율] 초탐인들이 다음과 같이 보고했습니다.

[초탐인들] 왜적이 이미 순천 지방에 도착해 석부의 창고와 가옥을 불태웠습니다.

[이원익] 경상우도병마절도사 김응서가 비보입니다.

[김응서] 본월 3일 그 수를 셀 수 없는 한 갈래의 왜적들이 진주의 기강[110]으로부터 전진해 왔고 그 수를 셀 수 없는 한 갈래의 왜적이 고성현의 춘원포로부터 사천 지방을 지나 진주의 남강을 건넜으며 본주[진주]의 마을들을 불태우고 약탈했습니다.

[이원익] 경상우도방어사 곽재우의 비보입니다.

[곽재우] 본월 3일 유시(酉時)에 적선 13척이 창녕현 지역에 도착해 이

---

108) 사지마 아키코 교수에 따르면, 원문의 '豐茂守'는 나베시마 나오시게의 부하인 나카노 진에몬 키요아키(中野神右衛門清明)의 별명(中野甚右衛門茂守)으로 추정된다. 김경태, 2018, 「임진전쟁기(1594년) 조선군과 일본군의 이면교섭 연구-泰長院文書 수록 兩軍 書狀을 중심으로-」, 『한일관계사연구』 61, 137쪽.

109) 원문의 '豐直茂' 나베시마 나오시게(鍋島直茂, 1538~1618)를 가리킨다.

110) 기강(歧江)은 낙동강과 남강이 합류하는 지점에 위치해 있다.

계리 등처에 정박해 있습니다.

[조선국왕] 또 같은 달 11일에는 배신 경상도등도체찰사 이원익의 치계를 받았습니다.

[이원익] 경상도등도순찰사 권율의 비보입니다.

[권율] 적선 7척이 초계현 지역의 강기슭에 상륙해 분탕질했습니다. 또 적선 2척이 벌써 현풍현의 석문 지역에 도착하였습니다.

[조선국왕] 개별적으로 갖추어 온 장계들을 받고[111] 살펴보건대, 한산도에서 수병이 패전하여 흩어진 뒤로 적선이 서쪽을 공격하는 길목에 대한 방비책이 전혀 없을 뿐만이 아니라 육로의 여러 성도 또한 겁에 질렸습니다. 지금 당장 각 처의 왜적들이 벌써 움직여 고니시 유키나가·가토 기요마사·나베시마 나오시게가 수로와 육로로 길을 나누어 일제히 진격하여 공격하고 있는데, 성세가 몹시 큽니다. 해로의 적은 고성·하동·사천·진주의 땅을 나누어 공격하면서 이미 순천에 이르렀고 연로(沿路)의 적은 이미 현풍에 도달했으며 육로의 적은 이미 창원과 의령 사이에 가득합니다. 비록 각처의 초탐이 보고하는 말이 서로 어긋나는 것이 있지만 대개 현풍에서 충주의 부총병 오(유충)가 주둔하고 있는 곳까지는 겨우 4~5일 거리입니다. 진주·순천에서 남원의 부총병 양(원)이 주둔하고 있는 곳까지는 겨우 1~2일 거리입니다. 두 곳의 관병이 비록 요충 입구를 틀어막고 있다고는 하나 저들의 전진하는 기세를 막기에는 중과부적일까 봐 염려됩니다. 진수총병관 마(귀)가 이미 유격 진(우충)이 이끄는 관병 2,500 원명을 나누어 전주로 가서 주둔하도록 했지만, 전주 또한 이 왜적들이 함께 모여 침범하겠다고 성언한 곳이라서 2,500명의 병사로는 전주 한 곳을 지키기에도 부족할까 우려되니, (진우충의 부대가) 남원의 후원이

111) '具啓. 據此.'의 투식이 일반적이나 본 자문에서는 여러 장계가 인용됐고 또한 다양한 보고 내용이 열거됐기에 원문의 '各具啓. 據此.'의 투식이 사용된 것으로 볼 수 있다.

되기는 어려울 것 같습니다. 충주 또한 후원이 전혀 없으니 비록 또다시 진수 마(귀)가 통솔하는 관병을 나누어 전진시켜 돕고 싶어도 앞서 언급한 군병 역시도 만 명을 넘지 못할 것입니다. 경성을 막아서 지키고자 해도 또한 부족할 것입니다. 그리고 비록 소방에서 원래 훈련시켜 온 군병이 약간 있으나 매우 취약하고 겁이 많으니 천병[명군]을 도와서 대규모의 적을 막아내기에는 충분하지 않습니다. 번거롭더라도 귀원(貴院)에 바라건대, 급히 계주·요동 근처의 관병 1만여 명을 조발해서 밤을 새워 서둘러 전진하도록 하고 진수 마(귀)가 이끄는 관병들과 함께 계획을 세워 각처(의 명군 부대)를 지원하도록 해 주십시오. 덧붙여, 뒤따라서 오고 있는 절강·섬서·사천의 마병들을 엄히 재촉하여 기한에 맞추어 전진하여 제때 정벌에 참가할 수 있도록 해 주십시오. 아울러 소방의 양향(糧餉)이 몹시 부족해 앞서 사천·섬서의 군사들을 압록강 서쪽 지역에 주둔시켜 달라고 요청했던 것은 정말 지공(支供)할 양식을 이어댈 수 없음을 걱정해서였기 때문이지 군사가 부족해도 적을 정벌할 수 있다는 말은 아니었습니다. 당직은 총독군문과 귀원의 감군해방도가 누차 자문으로 알려온 사리를 받고서 별도로 사목(事目)을 만들어 배신 호조판서 김수 등에게 책임지고 충청도와 전라도로 가서 민간에서 빌리도록 해서 마련한 수효가 2~3만 병사들이 몇 달 먹을 곡식입니다. 덧붙여 바라건대, 산동(山東) 등처에서의 운반을 독려하여 본색(本色)을 얼음이 얼기 전에 여러 차례 운송해 도착할 수 있도록 함으로써 군량을 확보하고 흉악한 적들을 끝까지 섬멸할 수 있도록 해주신다면 더 없는 다행이겠습니다. 눈썹을 태울 정도로 재앙이 닥쳐왔으므로 번잡스러움을 꺼리지 않고서 각별히 불쌍하게 여기사 조속히 구원해 주기를 다시 간청합니다. 헤아려 보건대, 마땅히 자문으로 알려야 하겠습니다. 이에 마땅히 자문을 보내오니 청컨대 살펴주십시오. 자문이 잘 도착하기를 바랍니다.

이 자문을 흠차총독경략군문 및 흠차경리조선군무도찰원에 보냅니다.

만력 25년 8월 12일.

34. 楊經理固守江華
37a-37b(219~220쪽)

欽差經理朝鮮軍務都察院右僉都御史楊,
爲 緊急倭情 事.

照得, 閑山失守, 倭賊水陸分犯, 情已眞的, 防範當嚴. 及査江華府, 接收運糧, 適通賊路. 關係軍需最爲喫緊. 爲此, 除行京畿道觀察使洪履祥, 卽査江華府, 若設有城池, 嚴督軍夫, 晝夜修築堅固. 仍添設官兵·火器, 遣船遠出哨探, 倘遇向犯, 恊力固守, 務保萬全. 並海岸倉房之類, 今應作何設法防守, 一面上緊擧行外, 合咨前去, 煩爲査照嚴督料理施行. 希將行過緣由, 速復本院, 以憑査考. 請勿遲延悞事. 須至咨者.
右咨朝鮮國王.

萬曆二十五年八月初七日.

발신: 흠차경리조선군무도찰원우첨도어사 양(호)
사유: 긴급한 왜정에 관한 일입니다.

살펴보건대, 한산의 수비에 실패한 뒤로 왜적들이 수륙 양면으로 나누어 침범하는 정황이 이미 명확하므로 방비는 마땅히 철저해야 합니다. 강화부를 조사해 보니, 운반된 군량을 접수하는 곳인데 공교롭게도 적로(賊路)와 통합니다. 군수에 관계된 것이라 가장 중요합니다. 이에 경기도관찰사 홍이상에게 문서를 보내 즉시 강화부를 조사해 만약 성지(城池)를 설치한다면 엄하게 군부(軍夫)를 독려해 낮과 밤으로 견고히 수축하도록 하십시오. 덧붙여 관병과 화기를 더 설치하고 선박을 멀리 내보내어 정탐하도록 하면서 만약 이쪽을 향해 침범하려는 적과 맞닥뜨린다면 힘을 합쳐서 고수해 만전을 기하는 데 힘써야 할 것입니다. 아울러 해안의 창고와 방옥 등을 지금 어떤 방식으로 제도를 마련해 지켜야 할 것이고 동시에 서둘러 거행해야 한다는 것 외에도, 마땅히 자문을 보내오니 번거롭더라도 조사하고 엄격하게 독려해 조치하시길 바랍니다. 바라건대, 시행한 연유를 속히 본원[양호]에 회답하셔서 이를 근거로 조사하고 고려할 수 있도록 해 주십시오. 청컨대 지연시켜서 일을 그르치지 말도록 하십시오. 자문이 잘 도착하기를 바랍니다.

이 자문을 조선국왕께 보냅니다.

만력 25년 8월 7일.

35. 回咨
37b-38b(220~222쪽)

朝鮮國王,

爲 緊急倭情 事.

本年八月十一日, 准欽差經理朝鮮軍務都察院右僉都御史楊咨前事.

　照得, 閑山失守, 倭賊水陸分犯, 情已眞的, 云云, 煩爲查照嚴督料理施
　行. 希將行過緣由, 速復本院, 以憑查考. 請勿遲延悞事. 等因.

准此. 當職, 爲照, 江華府在漢江海口, 實賊路要衝. 自前設置關防, 以爲據險之地, 城池·官軍·火器·哨探等事, 倶有成法. 自遭賊變之後, 慮有水陸分犯之患, 此上屢經申飭本道觀察使陪臣, 加意築濬. 兼又盖造倉廒, 收貯海運糧餉, 而爲因民力殘破, 海岸倉房防守之事, 十分未備. 設若賊船過海來犯, 雖欲儘力固守, 恐不得支吾, 日夜憂悶. 目今閑山失守, 海路防範, 委屬緊急, 今承咨諭, 敢不罄竭綿力, 以爲喫緊保守之計. 除卽令該司, 行文本道觀察使·水軍節度使等官, 遵依咨內事理, 嚴督本處官司, 添設防守, 預爲料理. 倘遇賊船向犯, 協力固守, 務保萬全, 俾無踈虞之患外, 擬合咨復. 爲此, 合行回咨, 請照驗查考施行. 須至咨者.

右咨欽差經理朝鮮軍務都察院.

萬曆二十五年八月十三日.

발신: 조선국왕
사유: 긴급한 왜정에 관한 일입니다.

[조선국왕] 본년 8월 11일에, 전사(前事)[112]와 관련해서 흠차경리조선군무도찰원우첨도어사 양(호)의 자문을 받았습니다.

[양호] 살펴보건대, 한산의 수비에 실패한 뒤로 왜적들이 수륙 양면으로 나누어 침범하는 정황이 이미 명확하므로 「운운」, 번거롭더라도 조사하고 엄격하게 독려해 조치하시길 바랍니다. 바라건대, 시행한 연유를 속히 본원에 회답하셔서 이를 근거로 조사하고 고려할 수 있도록 해 주십시오. 청컨대 지연시켜서 일을 그르치지 말도록 하십시오.

[조선국왕] 이를 받고 당직이 살펴보건대, 강화부는 한강의 해구(海口)에 위치하니 실로 적로(賊路)의 요충이라고 하겠습니다. 전부터 관방(關防)을 구축해 설험의 근거지로 삼았으며, 성지·관군·화기·초탐의 사안에 대해서는 모두 만들어진 법도가 있습니다. 적변(賊變)을 당한 이후로 수로와 육로로 나누어 침범하는 환란이 있을까 우려했으니, 이에 위에서 누차 본도 관찰사를 맡은 배신에게 특별히 유의해 축조하고 파내도록 신칙했습니다. 아울러 또 창고를 만들어 바다를 통해 운반한 양향을 저축하고자 했으나 백성들의

112) 본 문서의 사안인 '爲緊急倭情事'를 가리킨다.

힘이 쇠한 탓에 해안의 창고를 방어하는 사안은 대단히 미비했습니다. 만약 적의 배가 바다를 건너 침범해 오면 비록 힘을 다해 지키고자 해도 지탱할 수 없을까 염려해 밤낮으로 걱정하고 고민했습니다. 현재 한산도를 지켜내지 못했기에 해로를 지키는 방도가 실로 긴급한 일이 되었으니, 이번에 받은 자문의 유시를 받들어 감히 미약한 힘이라도 다함으로써 긴요한 방어 대책을 마련하지 않겠습니까. 즉시 해당 부서로 하여금 본도 관찰사 및 수군절도사 관원에게 문서를 보내 자문 안의 사리에 따라 준행하고 본처의 관사(官司)가 방수를 더 설치하고 미리 헤아려 조치할 것을 엄히 독려하도록 하겠습니다. 만약 이쪽을 향해서 침범해 오는 적선과 맞닥뜨리면 힘을 합쳐서 굳게 지키고 만전을 기하는 데 힘써 소홀히 한다는 염려가 없도록 하는 것 외에도, 헤아려보건대, 마땅히 자문으로 회답해야 하겠습니다. 이에 마땅히 회자하니 청컨대 살펴 조사하고 고려해 주십시오. 자문이 잘 도착하기를 바랍니다.

이 자문을 흠차경리조선군무도찰원에 보냅니다.

만력 25년 8월 13일.

36. 楊經理咨沈惟敬被罪不治脅從諸人
38b-40a(222~225쪽)

欽差經理朝鮮軍務都察院右僉都御史楊,

爲 倭情 事.

准欽差総督薊遼保定等處軍務兼理糧餉經略禦倭兵部尙書兼都察院右副都御史邢咨前事.

照得, 沈惟敬因奉旨, 調戢兩國, 日久無成, 而說謊誤國 · 費餉 · 損威, 已奉旨取解回京. 另選官調戢外, 然所隨官軍, 久有行發回原伍, 尙有惟敬身邊隨帶南人頗多. 今惟敬雖執而隨從之人, 不過供給使令, 原無相干. 且本部院已請旨, 寬其恊從, 誠恐各役疑畏, 無知潛藏外國, 反以速罪, 相應寬宥解散. 爲此, 除行麻総兵會同國王, 出示曉諭, 通行八道及各領兵陪臣, 除係各營額伍征兵及擺撥軍役外, 其餘無論城市鄕村, 但係潛住中國南人及閑雜人等, 俱要盡數, 搜查得出, 卽解該鎭. 給與過關印照, 刻期驅押入關回籍生理. 若有自已首出, 討照囬籍者, 亦卽與准行, 不必羈留. 仍行令南兵營吳惟忠, 不許容留一人入營, 潛藏以爲地方之害. 若出十日後, 仍舊執迷潛藏者, 許諸人擒送撫鎭 · 司道, 以軍法棍打, 大枷號三箇月, 遞解原籍. 及咨該國, 嚴行搜查外, 備咨到院, 煩爲備會搜查施行.

准此. 擬合行會. 爲此, 合咨前去, 煩照咨內事理, 嚴爲搜查施行. 仍將行過緣由, 希復回照查考. 請勿遲緩. 須至咨者.

右咨朝鮮國王.

萬曆二十五年八月初八日.

발신: 흠차경리조선군무도찰원우첨도어사 양(호)

사유: 왜정에 관한 일입니다.

[양호] 전사(前事)[113]와 관련해서 흠차총독계료보정등처군무겸리양향경략어왜병부상서겸도찰원우부도어사 형(개)의 자문을 받았습니다.

[형개] 살펴보건대, 심유경은 성지(聖旨)를 받든 것으로 인하여 양국을 중재한다고 했지만, 오랜 세월이 지나도 이룬 것이 없었으니 황망한 말로 나라를 그르치고 비용을 낭비했으며 위엄을 손상시켰기에 이미 성지를 받들어 해직시키고 경사로 돌아오도록 했습니다. 별도로 관원을 선발하여 중재를 담당하도록 한 경우 외에도, (심유경을) 수종한 관군[명군]은 오랫동안 차출됐다가 원래의 대오로 돌아가기는 했지만, 심유경 본인이 대동한 남인(南人)들은 여전히 자못 많습니다. 지금 비록 심유경이 체포됐고 수종하는 사람들이 필요한 물품을 나르는 사령들에 불과하다고는 하지만 애초부터

113) 본 문서의 사안인 '爲倭情事'를 가리킨다.

상관이 없었습니다. 또 본부원이 성지를 이미 청해 그 협력하고 따랐던 자들을 용서해달라고 했지만 (심유경과 연관된) 역원들이 의구심과 두려움을 갖고서 외국(外國)으로 숨는 것이 오히려 죄를 받는다는 것을 모르고 있음이 참으로 염려되니 마땅히 너그럽게 용서하고 해산시켜야 합니다. 이에 총병 마(귀)로 하여금 국왕과 회동하여 효유(曉諭)를 내보이고 8도 및 군대를 이끄는 배신(陪臣)들에게 두루 문서를 보내 각 진영의 대오에 소속된 정병(征兵)과 파발(擺撥)의 군역들을 제외하고 그 나머지 성시(城市)에 있든 향촌에 있든 숨어 있는 관계된 중국의 남인(南人)이나 한잡인(閑雜人)이라면 모조리 전수를 수사하고 찾아내 즉시 해당 진(鎭)으로 보내도록 하십시오. 관(關)[114]을 지날 수 있는 허가증을 발급해 기한 내에 모두 몰아서 관문 안으로 들어와 원적(原籍)으로 돌아가 생업에 종사하도록 하십시오. 만약 스스로 출두해서 원적지로의 복귀 허가를 요청하는 자가 있으면 즉시 승인해서 준행하고 붙들어 둘 필요가 없습니다. 덧붙여 남병 군영의 오유충에게 문서를 보내 한 사람도 입영했다가 탈영해 숨어 (조선) 지방에 해를 끼치지 못하도록 하십시오. 만약 (이 조치로부터) 10일이 지난 뒤에도 여전히 예전처럼 잘못을 고집하며 숨어지내는 자가 있으면 여러 사람들이 사로잡아 무진(撫鎭)[115]과 사도(司道)로 보내는 것을 허락해서 군법으로 곤장

114) 산해관으로 보는 것이 타당하다.

115) 원문의 '撫鎭'은 순무와 진수총병을 가리키며, 전자는 양호를, 후자는 조선에 파견된 명 지휘관들을 지칭한다. 양호의 직책은 경리조선순무로도 칭해졌다. 『宣祖實錄』 卷87, 宣祖 30年 4月 乙亥(15日). 동시에, 정유재란 당시 조선으로 파견된 주요 지휘관 흠차제독남북관병어왜총병관후군도독부도독동지(欽差提督南北官兵禦倭摠兵官後軍都督府都督同知) 마귀, 흠차제독중로어왜총병중군도독부좌도독태자태보(欽差提督中路禦倭總兵中軍都督府左都督太子太保) 동일원, 흠차제독한토관병어왜총병관후군도독부도독첨사(欽差提督漢土官兵禦倭摠兵官後軍都督府都督僉事) 유정, 흠차통령수병어왜총병관전군도독부도독첨사(欽差統領水兵禦倭摠兵官前軍都督府都督僉事) 진린은 모두 총병의 직책을 겸임했다. 총병은 진수총병의 약칭으로, 진수로도 불렸다. 앞의 문서 33에서 조선국왕 선조가 마귀를 진수총병관 또는 진수로 지칭한 사례가 확인된다.

을 치고 3개월 동안 큰 칼을 씌웠다가 절차에 따라 원적지로 이송해 보내십시오. 또한, 해국(該國)에 자문을 보내 엄정히 수사하도록 하는 것 외에도, (마귀와 오유충으로부터) 갖춘 자문이 원[양호]에 도착하면 번거롭더라도 갖추어 (조선에도) 알려 수사하도록 하십시오.

[양호] 이를 받고 헤아려 보건대 마땅히 문서를 보내 알려야 하겠습니다. 이에 마땅히 자문을 보내오니 번거롭더라도 자문 안의 사리대로 엄정히 수사해 주십시오. 덧붙여 바라건대 시행한 연유를 회답하셔서 조사하고 고려할 수 있도록 해 주십시오. 청컨대 지연하지 마십시오. 자문이 잘 도착하기를 바랍니다.

이 자문을 조선국왕께 보냅니다.

만력 25년 8월 8일.

37. 回咨

40a-41a(225~227쪽)

朝鮮國王,

爲 倭情 事.

本年八月十二日, 准欽差經理朝鮮軍務都察院右僉都御史楊咨前事.

准欽差總督薊遼保定等處軍務兼理糧餉經略禦倭兵部尙書兼都察院右副都御史邢咨.

照得, 沈惟敬因奉旨, 調戢兩國, 云云.

煩照咨內事理,[116] 嚴爲搜查施行. 仍將行過緣由, 希復回照查考. 請勿遲緩. 等因.

准此. 查照, 先該, 本月十一日, 准欽差總督薊遼保定等處軍務兼理糧餉經略禦倭兵部尙書兼都察院右副都御史邢咨, 亦爲前事. 准此. 行間, 今該前因. 爲照, 咨內事理, 委宜急速遵行. 卽行令八道及各領兵陪臣, 除係天朝各營額伍征兵及擺撥軍役外, 其餘無論城市鄉村, 但係潛住中國南人

116) '煩照咨內事理' 앞에는 양호가 형개의 요청에 따라 조선국왕에게 전달한 앞의 문서 36의 후반부 내용의 첫 부분인 '准此. 擬合行會. 爲此, 合咨前去,'이 생략됐다.

及閑雜人等, 俱要盡數, 搜査得出, 卽解總兵官麻處, 聽候給照回籍外, 當職, 仍照自萬曆二十一年以後, 凡有各營官兵, 患病落後及逃躱潛住的, 一切搜査解還, 並無存留. 所據緣由, 擬合併査咨復. 爲此, 合行囬咨, 請照驗施行. 須至咨者.
右咨欽差經理朝鮮軍務都察院.

萬曆二十五年八月十五日.

발신: 조선국왕
사유: 왜정에 관한 일입니다.

[조선국왕] 올해 8월 12일, 전사(前事)[117]와 관련해서 흠차경리조선군무도찰원우첨도어사 양(호)의 자문을 받았습니다.

[양호] 흠차총독계료보정등처군무겸리양향경략어왜병부상서겸도찰원우부도어사 형(개)의 자문을 받았습니다.

[형개] 살펴보건대, 심유경은 성지를 받든 것으로 인하여 양국을 중재한다고 했지만, 「운운」.

[양호] 번거롭더라도 자문 안의 사리대로 엄정히 수사해 주십시오. 덧붙여 바라건대 시행한 연유를 회답하셔서 조사하고 고려할 수 있도록 해 주십시오. 청컨대 지연하지 마십시오.

[조선국왕] 이를 받고 조사해 보건대, 이보다 앞서 본월 11일에 받은 흠차총

117) 본 문서의 사안인 '爲倭情事'를 가리킨다.

독계료보정등처군무겸리양향경략어왜병부상서겸도찰원우부도어사 형(개)의 자문 역시 전사(前事)[118]와 관련한 것이었습니다. 이를 받고 시행하는 동안 이번에 지금의 자문을 받았습니다. 생각해 보건대, 자문 안의 사리는 실로 마땅히 조속하게 준행해야 하겠습니다. 즉시 8도 및 군대를 거느린 모든 배신(陪臣)에게 문서를 보내어 천조 각 진영의 대오에 소속된 정병(征兵)과 파발(擺撥)의 군역을 제외하고 그 나머지 성시(城市)에 있든 향촌에 있든 숨어 있는 관련된 중국의 남인(南人)이나 한잡인(閑雜人)이라면 모조리 전수를 수사하고 찾아내 즉시 총병관 마(귀)의 처소로 보내 사면장을 발급해 본적지로 송환하도록 조치하는 것 외에도, 당직은 이어서 만력 21년(1593) 이후에 각 진영의 관병[명군] 중 병치레로 낙후되거나 탈영해 숨어 몰래 살던 자들을 일체 수사하고 돌려보내 전부 남김이 없도록 했습니다. 앞서 언급한 연유를 헤아려 보건대 마땅히 전부 조사해 자문으로 회답해야 하겠습니다. 이에 마땅히 자문으로 회답하니 청컨대 살펴주십시오. 자문이 잘 도착하기를 바랍니다.

이 자문을 흠차경리조선군무도찰원에 보냅니다.

만력 25년 8월 15일.

118) 본 문서의 사안인 '爲倭情事'를 가리킨다.

38. 楊經理催調天兵整飭本國軍伍
41a-42b(227~230쪽)

欽差經理朝鮮軍務都察院右僉都御史楊,

爲 緊急倭情 事.

准欽差總督薊遼保定等處軍務兼理糧餉經略禦倭兵部尙書兼都察院右副都御史邢咨前事.

近據倭船千百隻, 一時出來, 又倭衆占據梁山, 逐走太守, 損傷撥軍, 燒其鋪房, 奪其衣糧, 且又殺虜朝鮮人畜, 此其情形, 猖獗之甚. 今我兵抵朝鮮者, 已節行分撥拒守要害矣. 未渡關者, 節經差官賚捧令旗催促, 而又行沿途, 給寺馬·營馬, 遞送速行, 可刻期渡江矣. 玆又調薊·遼·保定·宣·大·山西之兵, 亦立限赴援. 第朝鮮水陸官兵, 雖據報三四萬, 然其實堪戰者, 不過一二萬耳. 且聞之, 往年用兵多散漫退縮, 不肯直前. 今我兵雖雲集, 而該國亦當協力, 必須先教以漢法, 申以漢令然後, 戰守有濟. 擬合申飭. 爲此, 除行麻總兵, 卽便會同該國, 督同各領兵陪臣, 將該國水陸官兵, 俱聽本官, 申嚴號令, 各照漢兵陣法, 時常操演. 仍嚴諭各領兵陪臣, 及各兵臨陣之際, 務要奮勇, 先登鼓衆, 用命如兵有退縮不前, 卽照漢令, 于陣前梟首示衆. 如各領兵陪臣, 有臨陣逗遛觀望, 卽會國王, 亦照漢令行法. 毋得以異域之兵, 故行寬縱, 以致臨陣悞事不便. 及咨行國王督行各陪臣遵照外, 備咨到院. 煩爲備會申飭嚴督施行.

准此. 擬合行會. 爲此, 合咨前去, 煩卽嚴督各該陪臣遵照施行. 仍將行過緣由, 希復囬照查考. 請勿延緩. 須至咨者.

右咨朝鮮國王.

萬曆二十五年八月初八日.

발신: 흠차경리조선군무도찰원우첨도어사 양(호)

사유: 긴급한 왜정에 관한 일입니다.

[양호] 전사(前事)[119]와 관련해서 흠차총독계료보정등처군무겸리양향경략어왜병부상서겸도찰원우부도어사 형(개)의 자문을 받았습니다.

[형개] 최근 "왜선 수천 수백 척이 일시에 나왔고, 또 왜적이 양산을 점거하고서 태수를 축출하고 파발군들을 다치게 했으며 그 지역의 포방(鋪房)[120]을 불태운 뒤에 그 의복과 군량을 탈취하였을 뿐만 아니라 또한 조선의 사람과 가축을 죽이거나 잡아갔다"라는 문서를 받았는데, 이는 왜적의 창궐이 매우 심각한 수준임을 보여주는 정황입니다. 지금 조선에서 방어하고 있는 우리 병사들의 경우, 이미 여러 차례 나누어 파견해 요해처를 막아

119) 본 문서의 사안인 '爲緊急倭情事'를 가리킨다.

120) 일반적으로 물품이나 보급품의 보관을 담당하는 장소를 지칭한다.

지키도록 했습니다. 아직 산해관을 넘지 못한 경우, 이미 여러 차례 관원을 파견해 영기(令旗)를 받들고 가서 재촉하도록 했으며 연도(역참)에도 사마(寺馬)와 영마(營馬)를 지급하도록 해서 번갈아 조속히 보내 기한 내에 강을 건너도록 했습니다. 이에 또한 계주·요동·보정·선부·대동·산서의 병사들도 조발하고 또한 기한을 확정해서 나아가 돕도록 했습니다. 다만 조선의 수륙 관병들이 비록 3~4만 명이라고 보고 받았지만, 실제로 전장에 투입할 만한 자는 1~2만에 지나지 않습니다. 또 듣건대, 왕년에 전쟁을 치르면서 다수가 흩어지고 또 위축되어서 기꺼이 앞으로 나아가지 않으려고 합니다. 지금은 비록 우리의 군대가 구름처럼 모여있지만, 그 나라 또한 마땅히 협력해야 하는 것이니 반드시 먼저 한법(漢法)으로 교련하고 한령(漢令)을 시행하도록 한 연후에야 전수(戰守)가 성취될 것입니다. 헤아려 보건대 마땅히 신칙해야 하겠습니다. 이에 총병 마(귀)에게 문서를 보내어 즉시 해국(국왕)과 회동해 군사를 거느린 배신들을 독려해 그 나라의 수륙 관병들이 모두 본관[마귀]의 지휘에 따르게 하고 호령을 엄하게 해서 각각 한병(漢兵)의 진법(陣法)을 따라 상시적으로 훈련하도록 하십시오. 덧붙여 군대를 이끄는 모든 배신에게 엄히 유시하고 또한 모든 병사가 전장에서 반드시 용맹을 떨쳐 앞다투어 나가 군중을 고무할 수 있도록 하고 명령을 따름에 있어 만약 물러서서 전진하지 않는 병사가 있으면 즉시 한령(漢令)에 따라 군진 앞에서 효시하여 군중에 보이도록 하십시오. 만약 군대를 이끄는 배신들 가운데 전투에 임해 머뭇거리며 관망하는 자가 있거든 즉시 국왕에게 보고한 뒤, 한령을 적용해 군법을 시행하도록 하십시오. 이역[조선]의 병사들이 전진하지 않으면서 제멋대로 행동해 전장에서 일을 그르치는 불편함이 없도록 하십시오. 또한 국왕에게 자문을 보내어 각 배신들을 독려하여 살펴서 준행하도록 한 것 외에도, (총병 마귀로부터) 갖춘 자문이 본원에 도착하면 번거롭더라도 갖추어 (조선국왕에) 알려 신칙하고 엄히 독려하도록 하십시오.

[양호] 이를 받고, 헤아려 보건대 마땅히 문서를 보내 알려야 하겠습니다. 이에 마땅히 자문을 보내니 번거롭더라도 즉시 각 해당 배신들을 엄히 독려해서 살펴 준행하도록 하십시오. 그리고 바라건대 시행한 연유를 회답하셔서 조사하고 고려할 수 있도록 해 주십시오. 청컨대, 지연하지 마십시오. 자문이 잘 도착하기를 바랍니다.

이 자문을 조선국왕에게 보냅니다.

만력 25년 8월 8일.

39. 回咨

42b-43b(230~232쪽)

朝鮮國王,

爲 緊急倭情 事.

本年八月十二日, 准欽差經理朝鮮軍務都察院右僉都御史楊咨前事.

准欽差總督薊遼保定等處軍務兼理糧餉經略禦倭兵部尙書兼都察院右副都御史邢咨.

近據報[121]倭船千百隻, 一時出來, 云云.

煩卽嚴督各該陪臣遵照施行.[122] 仍將行過緣由, 希復囬照査考.[123] 等因.

准此. 査照, 先該, 本月十一日, 准欽差總督薊遼保定等處軍務兼理糧餉經略禦倭兵部尙書兼都察院右副都御史邢咨, 亦爲前事. 准此. 爲照, 卽目大勢倭衆, 水陸並進, 小邦存亡迫在朝夕. 貴院洞燭危急情形, 催督後

---

121) 앞의 문서 38에는 '報'가 없다.

122) '煩卽嚴督各該陪臣遵照施行' 앞에는 양호가 형개의 요청에 따라 조선국왕에게 전달한 문서 38의 후반부 내용의 첫 부분인 '准此. 擬合行會. 爲此, 合咨前去,'이 생략됐다.

123) 본 문서에서는 문서 38의 맨 마지막 문구인 '請勿延緩'이 누락되어 있다.

起官兵, 刻期渡江. 又調薊·遼·保定·宣·大·山西等處官兵, 亦立限赴援. 當職與一國臣民, 不勝感激. 小邦經變之後, 見存軍兵, 該數不多, 而法律不明, 兼又積敗之餘, 恇怯摧沮. 雖經萬分警飭, 委難戰用. 今依咨內事理, 申飭慶尙等道都體察使等官李原翼等, 嚴諭各該領兵陪臣, 承奉總兵麻法令, 常川操演, 不敢違越, 聽候大兵至日, 恊力進勦. 如或, 將領陪臣, 敢有臨陣逗遛觀望, 退縮不前者, 即照漢法, 梟首警衆, 毋得似前寬縱, 免致悞事不便. 等因, 備由咨復間, 今該前因. 爲照, 所據咨復事理, 擬合備查囬復. 爲此, 合行回咨, 請照驗施行. 須至咨者.

右咨欽差經理朝鮮軍務都察院.

萬曆二十五年八月十五日.

발신: 조선국왕

사유: 긴급한 왜정에 관한 일입니다.

[조선국왕] 본년 8월 12일, 전사(前事)[124]와 관련해서 흠차경리조선군무도찰원우첨도어사 양(호)의 자문을 받았습니다.

[양호] 흠차총독계료보정등처군무겸리양향경략어왜병부상서겸도찰원우부도어사 형(개)의 자문을 받았습니다.

[형개] 최근 보고받은「왜선 수천 수백 척이 일시에 나왔고,「운운」.

[양호] 번거롭더라도 즉시 각 해당 배신들을 엄히 독려해서 살펴 준행하도

124) 본 문서의 사안인 '爲緊急倭情事'를 가리킨다.

록 하십시오. 그리고 바라건대 시행한 연유를 회답하셔서 조사하고 고려할 수 있도록 해 주십시오.

[조선국왕] 이를 받고, 조사해 보건대 이보다 앞서 본월 11일에 받은 흠차총독계료보정등처군무겸리양향경략어왜병부상서겸도찰원우부도어사 형(개)의 자문 역시 전사(前事)[125]와 관련한 것이었습니다. 이를 받고 「살펴보건대, 현재 대규모의 왜적 무리가 수로와 육로로 병진하고 있어, 소방(小邦)의 존망이 아침저녁으로 절박하게 되었습니다. 귀원(貴院)이 위급한 정형을 통촉하여 뒤따르는 관병들을 재촉하여 기한에 맞추어 도강하도록 했습니다. 또 계주·요동·보정·선부·대동·산서 등처의 관병들 또한 기한을 확정해서 나아가 돕도록 했습니다. 당직(當職)은 온 나라의 신민들과 함께 감격스러움을 이길 수 없습니다. 소방은 변란을 겪은 이후로 현재 남은 군병들이 숫자도 많지 않고 법률[군법]도 밝지 않고 또 누차 패전한 나머지 겁을 먹고 사기가 꺾인 상태이기까지 합니다. 비록 충분히 타일러 다잡아 보았지만 실로 전쟁에 활용하기는 어려울 것 같습니다. 지금 자문 안의 사리에 따라 경상등도도체찰사 이원익 등의 관원들에게 신칙해 군대를 이끄는 모든 배신에게 총병 마(귀)의 법령을 받들어 늘 교련하고 감히 (그의 지휘를) 어기지 않으며 대병[명군]이 이르는 날을 기다렸다가 힘을 합쳐 나가 초멸하도록 엄격히 유시했습니다. 만약에 혹시라도 장령(將領)을 맡은 배신들 가운데 전장에서 감히 머뭇거리며 관망하거나 위축돼 전진하지 않는 자가 있거든 즉시 한법(漢法)에 따라 효수함으로써 무리들을 경계시켜 이전과 같이 제멋대로 행동하지 말고 일을 그르치는 불편함이 없도록 하겠습니다.」라는 내용으로 사유를 갖추어 자문으로 회답하려는 중에 이번에 위의 문서를 받았습니다. 살펴보건대, 마땅히 앞서 언급한 (총독군문에게) 자문으로 회답하려던 자문의 내용을 (경리도원에게도) 조사한

125) 본 문서의 사안인 '爲緊急倭情事'를 가리킨다.

내역으로 (문서를) 갖추어 회신해야 하겠습니다. 이에 마땅히 자문으로 회답하니, 청컨대 살펴주십시오. 자문이 잘 도착하기를 바랍니다.

이 자문을 흠차경리조선군무도찰원에 보냅니다.

만력 25년 8월 15일.

40. 本國咨報賊犯南原請取李捴兵來救
43b-46b(232~238쪽)

朝鮮國王,

爲 賊情百分緊急, 乞速調近駐官丁, 以救焚眉之禍 事.

該本年八月十三日, 據副捴兵楊伺候陪臣鄭期遠馳啓.

該哨探軍官梁彥淵等報稱.

本月初七日, 登求禮縣北山, 瞭見有大勢倭賊, 自申時至戌時止, 進入本縣城, 於城內外, 列炬爛熳.

又該本月十四日, 據本官馳啓.

該求禮縣監李原春報稱.

本月初九日, 有前項倭賊, 自本縣進入南原房星院地方, 焚燒村房.

又該本日, 據陪臣慶尙等道都巡察使權慄馳啓.

各該哨探員役報稱.

有一起大勢倭賊, 自咸安·鎭海地方, 進入晉州豆恥津等處, 有一起大勢倭賊, 自鼎津過江進入宜寧·草溪·三嘉等處, 有一起大勢倭賊, 泝洛東江進入高靈, 有一起倭賊, 分駐密陽·昌寧等處, 四散行搶.

又該本日, 據遊擊陳伺候陪臣李洽馳啓.

本月初十日夜, 聽得有哨探天兵說稱.

賊將清正, 已自宜寧, 踰入雲峯地方, 行長進駐南原二十里地, 約定十二日, 進圍本府城子.

又該本日, 據總兵麻伺候陪臣張雲翼啓稱.

聽得該全州撥報, 本月十二日酉時, 有倭賊將南原城圍住, 各放銃砲, 攻打東南二門.

又該本月十五日, 據本官啓稱.

聽得該全州撥報, 本月十三日亥時, 據南原城外北山城, 哨探人郭大海, 差軍夜盧哥予馳報.

有倭賊無數, 於本日辰時分, 從各山峪擁出, 札成隊伍, 圍住南原城, 四門內外不通. 又一枝有馬倭賊千餘, 逕佔山城, 大海等跑走, 被倭截路, 各役縱馬, 鑽林突出. 今南原以北二十里之外, 俱有倭賊. 各等因.

具啓. 據此. 隨據議政府狀啓.

卽日, 大勢倭賊, 進圍南原府城, 二十里之內, 人馬不通, 又有各起倭賊, 彌漫慶尙右道及左道沿江地方. 而清正已自宜寧, 踰入雲峯地方, 雲峯離南原切近, 想是本賊夾攻本城. 遊擊陳雖方近駐全州, 而軍勢單弱, 不可相援. 所據賊情, 委的百分緊急, 而見到各營兵馬, 該數不多. 查照, 萬曆二十一年征倭時分, 有副捴兵李如梅, 驍勇善戰. 於平壤挺身鏖戰, 殺賊最多, 於碧蹄射殺金甲巨酋, 殿後全軍, 倭賊爲之奪氣, 至今本國之人, 服其威名. 今聽得本官鎭守遼東東路, 道路便近, 易以調至. 合無備將賊情緊急緣由, 咨稟經理都院, 乞就近速調本官, 着令星夜馳來,以救焚眉之禍. 相應. 等因.

具啓. 據此. 爲照, 卽目大勢倭賊, 進圍南原, 又有各起倭賊, 彌漫慶尙右道及左道沿江地方. 而淸正已自宜寧, 踰入雲峯地方, 雲峯離南原切近, 想是本賊夾攻本城. 遊擊陳雖近駐全州, 而軍勢單弱, 不可相援. 所據賊情, 委的百分緊急, 而見到各營兵馬, 該數不多. 査照, 萬曆二十一年征倭時分, 有副摠兵李如梅, 驍勇善戰. 於平壤挺身鏖戰, 殺賊最多, 於碧蹄射殺金甲巨酋, 殿後全軍, 倭賊爲之奪氣, 至今本國之人, 服其威名. 今聽得本官鎭守遼東東路, 道路便近, 易以調至. 煩乞貴院, 就近速調本官, 着令星夜馳來, 以救焚眉之急, 不勝幸甚. 又照全羅實小邦根本, 而南原爲全羅保障, 南原若失, 小邦之事, 更不可爲. 再乞曲加矜念, 速調赴援. 仍嚴催後頭浙·陜·川官兵, 亦令刻期前進, 恊同援勦. 擬合咨稟. 爲此, 合行移咨, 請照驗施行. 須至咨者.

右咨欽差經理朝鮮軍務都察院.

萬曆二十五年八月十六日.

발신: 조선국왕

사유: 적정(賊情)이 대단히 긴급하니 바라건대 속히 근처에 주둔하는 관병[명군]을 조발하여 눈썹이 타는 듯한 재앙에서 구원하는 일입니다.

[조선국왕] 본년 8월 13일 부총병 양(원)의 사후배신 정기원의 치계를 받았습니다.

[정기원] 초탐군관 양언연 등이 보고한 내용은 다음과 같습니다.

[양언연 등] 본월 7일, 구례현 북쪽 산에 올라서 바라보니 대규모의 왜적이 신시(申時)부터 술시(戌時)까지 본 현의 성(城)에 진입했는데, 성의 안팎에 횃불을 늘어놓아서 주위가 매우 밝았습니다.

[조선국왕] 또 같은 달 14일 본관[정기원]의 치계를 받았습니다.

[정기원] 구례현감 이원춘이 보고했습니다.

[이원춘] 본월 9일에 앞선 항목의 왜적들이 본현[구례]으로부터 출발하여 남원의 방성원 지역으로 진입해 마을 가옥들을 불살랐습니다.

[조선국왕] 또 바로 그날, 배신 경상등도도순찰사 권율의 치계를 받았습니다.

[권율] 각각 초탐을 하던 원역들이 보고했습니다.

[초탐 원역들] 한 갈래의 대규모 왜적이 함안·진해 지역으로부터 진주의 두치진 등처로 진입했고 한 갈래의 대규모 왜적이 정진[정암진]으로부터 강[126]을 건너 의령·초계·삼가 등처로 진입했으며, 한 갈래의 대규모 왜적이 낙동강을 거슬러 고령에 진입했고 한 갈래의 왜적이 밀양·창녕 등처에 나누어 주둔하면서 사방으로 흩어져 약탈하고 있습니다.

[조선국왕] 또 바로 그날, 유격 진(우충)[127]의 사후배신 이흡의 치계를 받았습니다.

[이흡] 본월 10일 밤 초탐하는 천병[명군]의 말을 들었습니다.

[초탐 명군] 적장 기요마사는 이미 의령으로부터 운봉 지역으로 넘어 들어갔고 유키나가는 남원으로부터 20리 떨어진 곳까지 이르러서 주둔하고 있는데 12일에 진격해 본부[남원]의 성을 포위하기로 약정했다.

[조선국왕] 또 바로 그날, 총병 마(귀)의 사후배신 장운익의 장계를 받았습

---

126) 기강을 가리킨다.

127) 진우충을 이른다.

니다.

[장운익] 전주의 파발로부터 "본월 12일 유시(酉時)에 왜적들이 남원성을 포위하고 있으며 각각 총과 화포를 쏘아가며 동문과 남문을 공격하고 있습니다."라고 들었습니다.

[조선국왕] 또 같은 달 15일, 본관[장운익]의 장계를 받았습니다.

[장운익] 전주의 파발로부터 "본월 13일 해시(亥時)에 남원성의 밖에 위치한 북산성(北山城)[128]의 초탐인 곽대해가 관군 야불수 노가여를 보내 치보했습니다."라고 들었습니다.

[노가여] 무수히 많은 왜적들이 이 날 진시(辰時) 쯤, 각각 산골짜기를 따라서 둘러 나왔고 대오를 갖추어 남원성을 포위했으며 4개의 성문 모두 안팎이 서로 통할 수 없게 되었습니다. 또 한 갈래의 말을 탄 왜적 1천여 명이 지름길로 와서 산성(山城)을 엿보기에 곽대해 등이 도주하였으나 왜적들에 의해 길이 끊기자 각자 말을 버리고 숲을 뚫고 탈출했습니다. 지금 남원의 북쪽으로 20리 밖에는 모두 왜적들이 있습니다.

[조선국왕] 갖춘 장계를 받고 이어서 의정부의 장계를 받았습니다.

[의정부] 현재 대규모의 왜적이 남원부의 성을 포위하고 있어 20리 안에는 사람과 말이 서로 통할 수 없게 되었고 또 왜적들이 각지에서 출몰해 경상우도와 경상좌도의 (낙동)강 연안 지역에 가득 들어차 있습니다. 기요마사는 이미 의령에서부터 운봉 지역으로 넘어왔는데, 운봉은 남원과의 거리가 매우 가까우니, 생각건대 이는 바로 이 왜적들이 본 성을 협공하려는 것입니다. 유격 진(우충)이 비록 전주 인근에 주둔하고 있지만 군세가 외롭고 허약해서 서로 돕기는 어려울 것입니다. 앞서 언급한 적의 상황이 실로 대단히 긴급한데, 현재 도착한 각 진영의 병마는 그 수효가 많지 않습니다.

128) 남원의 교룡산성(蛟龍山城)을 가리킨다.

조사해 보건대, 만력 21년(1593) 왜적을 정벌할 때 부총병 이여매가 날래고 잘 싸웠습니다. 평양에서는 앞장서서 치열하게 싸워 죽인 왜적의 수가 가장 많았고 벽제관에서는 금색 갑주를 걸친 높은 지위의 장수를 쏘아 죽임으로써 후미에서 군대를 온전하게 할 수 있었고 왜적들도 기세를 잃게 되었으므로 본국의 사람들이 오늘날까지도 그의 위엄과 명성에 감복하고 있습니다. 지금 듣건대 본관[이여매]이 요동의 동로(東路)에서 진수(鎭守)하고 있다고 하는데, 길이 편하고 가까우니 조발해서 이르게 하기가 쉬울 것입니다. 적정(賊情)이 긴급한 연유를 갖추어서 경리도원에게 자문으로 알리고 속히 본관을 조발해 그로 하여금 밤을 새워 달려와 눈썹이 타들어 가는 듯한 재앙으로부터 구원하도록 요청하는 것이 어떨까 합니다.

[조선국왕] 갖춘 장계를 받고 살펴보건대, 현재 대규모의 왜적이 남원을 포위하고 있고 또 각지에서 왜적들이 출몰해 경상우도와 경상좌도의 (낙동)강 연안 지역에 가득 들어차 있습니다. 기요마사는 이미 의령에서부터 운봉 지역으로 넘어왔는데, 운봉은 남원과의 거리가 매우 가까우니, 생각건대 이는 바로 이 왜적들이 본 성을 협공하려는 것입니다. 유격 진(우충)이 비록 전주 인근에 주둔하고 있는 중이지만 군세가 외롭고 허약해서 서로 돕기는 어려울 것입니다. 앞서 언급한 적의 상황이 실로 대단히 긴급한데, 현재 도착한 각 진영의 병마는 그 수효가 많지 않습니다. 조사해 보건대, 만력 21년(1593) 왜적을 정벌할 때 부총병 이여매가 날래고 잘 싸웠습니다. 평양에서는 앞장서서 치열하게 싸워 죽인 왜적의 수가 가장 많았고 벽제관에서는 금색 갑주를 걸친 높은 지위의 장수를 쏘아 죽임으로써 후미에서 군대를 온전하게 할 수 있었고 왜적들도 기세를 잃게 되었으므로 본국의 사람들이 오늘날까지도 그의 위엄과 명성에 감복하고 있습니다. 지금 듣건대 본관[이여매]이 요동의 동로에서 진수하고 있다고 하는데, 길이 편하고 가까우니 조발해서 이르게 하기가 쉬울

것입니다. 번거롭더라도 귀원[양호]에 바라건대, 속히 본관을 조발해 그로 하여금 밤을 새워 달려오도록 해서 눈썹이 타들어가는 듯한 재앙으로부터 구해 주신다면 더 없이 다행이겠습니다. 또 살펴보건대 전라도는 실로 소방의 근본이며 남원은 전라도의 보장(保障)인지라 만약 남원을 잃게 되면 소방의 일은 다시는 어떻게 해 볼 수가 없게 될 것입니다. 다시 바라건대, 간곡히 긍휼을 더해 속히 (본관을) 조발해서 나아와 (조선을) 구원하도록 해 주십시오. 덧붙여 뒤따라서 오고 있는 절강·섬서·사천의 관병들을 엄히 재촉하여 그들 역시 기한에 맞추어 전진하고 함께 협력해 구원하고 정벌하도록 해 주십시오. 헤아려 보건대, 마땅히 자문으로 알려야 하겠습니다. 이에 마땅히 자문을 보내오니, 청컨대 살펴주십시오. 자문이 잘 도착하기를 바랍니다.

이 자문을 흠차경리조선군무도찰원에 보냅니다.

만력 25년 8월 16일.

41. 蕭按察酌運粮餉
46b-48a(238~241쪽)

欽差經理朝鮮監軍按察使 蕭,

爲 酌運粮餉 事.

蒙欽差經理朝鮮軍務都察院右僉都御史楊憲牌.

照得, 平壤·安州糧餉, 運至江華府. 又義州接運遼糧, 并定州及山東海運糧, 俱運至廣梁鎭. 亦聽該國轉運江華府摠貯, 仍陸續於南原·忠州·公州各駐軍處轉輸. 節經該國咨議, 并各陪臣具報, 見在運發外, 本院看得南原·忠州·公州駐防軍兵, 爲數不多, 以後續調兵馬到齊, 必從慶尙用兵, 併力進剿. 其該道地方, 今日作何預爲運積, 彼處如無城垣, 可將江華之糧, 今應分積某處, 以待臨時支給, 又査閑山·長䰇二島, 該國見有水兵, 中國見調水兵至日, 亦各分駐二島, 各水兵糧餉, 亦應作何設備, 作何轉運, 合行酌議. 爲此, 牌行本司, 照牌事理, 卽査慶尙道地方某處應屯兵, 某處係進兵之地, 某處經過之所, 卽今某某處應備糧若干, 自江華府, 從陸路某處起運, 至慶尙某處, 計程若干里, 水路某處起運, 至某處, 計程若干里, 作何轉運, 作何交卸, 儲積所是否, 堅城堪否固守. 仍查自江華府水路某處起運至閑山島, 計程若干里, 從某處有糧可運至長鬐島, 或水或陸, 計程若干里, 或卽近長鬐島某處係僻路原非大兵往來, 亦非屯駐之所, 見有儲積糧米應否, 從便撥運, 至該島某處, 蓄積備用. 仍會行朝鮮君臣, 同鎭守衙門, 酌議明妥, 務在不悞軍興, 呈詳本院, 以憑施行. 此係至緊要務, 毋得遲延.

蒙此. 擬合就行. 爲此, 合咨前去, 希速酌議明妥, 務在不乏軍興, 回復本司, 以憑轉詳施行. 此係至急要務, 請勿遲緩. 須至咨者.

右咨朝鮮國王.

萬曆二十五年八月初十日.

발신: 흠차경리조선감군안찰사 소(응궁)

사유: 군량을 헤아려 운반하는 일입니다.

[소응궁] 흠차경리조선군무도찰원우첨도어사 양(호)의 헌패를 받았습니다.

[양호] 살펴보니, 평양과 안주의 양향(군량)이 강화부까지 운송되었습니다. 또한 의주에 도착한 요동의 군량, 그리고 정주와 산동에서 운송한 군량은 모두 광양진[129]까지 운송했습니다. 또한 듣건대 해국(조선)에서 옮겨 운반한 것은 강화부에 모두 쌓아두었으며, 덧붙여 남원·충주·공주 각 주둔지에 육상(길)으로 이어 운송하고 있다고 들었습니다. 여러 차례 해국이 자문으

129) 대동강 하류의 해구로 평안남도 용강군 삼화현에 있다. 본 자문과 관련해서 당시 명으로부터 운송된 군량을 광량진과 강화도에서 내륙의 주둔 명군에게 운송하는 방안에 대한 논의가 실록에서도 확인된다. 『宣祖實錄』 卷89, 宣祖 30年 6月 壬申(13日); 『宣祖實錄』 卷89, 宣祖 30年 6月 壬午(23日).

로 의논한 것과 아울러 각 배신이 갖추어 보고한 것에 따르면, 현재 운송해 발송한 것 외에도, 본원[양호]의 의견으로는 남원·충주·공주에 주둔하며 방어하는 군병의 수가 많지 않기 때문에 이후 계속해 조발한 병사와 말이 도착한다면 반드시 경상도에서 용병하여 함께 힘을 합쳐 나아가 토벌해야 할 것입니다. 그 해당 도[경상도]의 지역에서 오늘날 어느 정도로 운송·집적해 예비하고 있고 그곳의 성벽 유무는 어떠하며 강화의 군량을 지금 응당 나누어 어느 곳에 쌓아두었다가 시기에 임해 지급할 때에 대비할 수 있는지를, 또한 한산·장기 두 섬[130]을 조사해 보니, 현재 해국(조선)의 수병이 있는데 중국에서 현재 조발한 수병이 도착할 때 또한 각각 두 섬에 나누어 주둔하며 각 수병의 군량을 또한 응당 어떻게 마련하고 어떻게 옮겨 운반할 것인지를 마땅히 헤아려 논의해야 합니다. 이에 패를 본사[소응궁]에 보내니 패의 사리를 살펴 즉시 경상도 지방 어느 곳에 둔병할 만하고 어느 곳에 병사를 진격시킬 만하며 어느 곳이 지나갈 만한 곳인지, 지금 어느 곳에 갖춘 군량이 어느 정도인지, 강화부에서 육로의 어느 곳을 따라 출발해 경상도 어느 곳에 이르고 거리가 얼마이며 수로의 어느 곳을 따라 출발해 어느 곳까지 이르고 거리가 얼마인지, 어떻게 옮겨 운반하고 어떻게 인계하는지, 저장소의 여부와 성의 견고함이 단단히 지킬만한지 아닌지의 여부를 조사하십시오. 덧붙여 강화부에서 수로로 어디에서 출발해 한산도까지 가며 거리는 얼마인지, 어느 곳의 군량이 장기도까지 이를 수 있는지, 혹은 수로로 혹은 육로로 거리가 얼마인지, 혹은 현재 장기도 어느 곳에 길이 험해 애초부터 대병[명군]이 왕래할 수 없거나 또한 주둔할 수 없는 곳인지, 현재 저장된 군량미가 있는지 없는지, 편의에 따라 운송해 그 섬의 어느 곳에 이르러 쌓아두어 용도에 대비할 수 있는지를 조사하십시오. 덧붙여 조선의

130) 장기현을 섬으로 오인하고 있다. 다음에 나오는 원문의 '長鬐島' 역시 이러한 오류를 답습하고 있다.

군신과 진수아문에 함께 문서를 보내 알려서 명백하고 타당하게 헤아려 논의해 군수를 그르치지 않도록 힘쓰고 본원에 정문으로 보고해[131] 이를 근거로 할 수 있도록 하십시오. 이는 지극히 긴급한 주요 업무에 관계되니 지연하는 일이 없도록 하십시오.

[소응궁] 이를 받고 헤아려 보건대 마땅히 서둘러 시행해야 하겠습니다. 이에 마땅히 자문을 보내니, 바라건대 속히 명백하고 타당하게 헤아려 논의해서 군수가 모자라지 않는 데 힘쓰도록 하고, 본사[소응궁]에 회자해 이를 근거로 (상부로) 전상(轉詳)할 수 있도록 해 주십시오. 이는 지극히 급한 주요 업무에 관계되니 지연하지 마시길 바랍니다. 자문이 잘 도착하기를 바랍니다.

이 자문을 조선국왕에게 보냅니다.

만력 25년 8월 10일.

131) 원문의 '詳'은 하급 기관에서 상급 기관에 문서를 올리거나 보고하는 행위를 말한다.

42. 回咨
48a-51a(241~247쪽)

朝鮮國王,

爲 酌運粮餉 事.

本年八月十三日, 准欽差經理朝鮮監軍按察使蕭咨前事.

云云, 請勿遲緩. 等因.

准此. 行據戶·兵二曹, 會議回啓.

竊查, 慶尙左道安東·大丘·慶州, 右道尙州·星州·晉州, 俱有形勢可以屯兵. 而左道慶州·密陽路, 通西生·釜山, 右道晉州·咸安路, 通竹島·安骨·加德. 俱係進兵之地. 其經過之所, 自京城歷京畿·忠淸, 踰竹嶺至慶尙左道慶州等處, 謂之東路. 歷京畿·忠淸, 踰鳥嶺至慶尙左道大丘等處, 謂之中路. 歷京畿忠淸踰秋風嶺至慶尙右道星州等處, 謂之西路. 又有一路, 歷京畿·忠淸·全羅左道, 踰八良峙至慶尙右道晉州等處. 所據屯兵進兵經過去處, 俱經兵燹及節年搬運糧餉蕩盡, 唯忠淸道忠州·公州, 慶尙道安東·慶州, 全羅道全州·南原, 運貯各處, 些少糧餉, 以擬天兵食用, 而忠州·公州·全州·南原, 因副總兵楊·吳及遊擊陳, 經過駐箚, 支消已多. 運粮道路, 自江華從陸路, 則歷京畿·忠淸至慶尙左道長鬐縣, 約一千餘里, 至慶尙左道大丘府, 約八百餘里, 至慶尙左道靈山縣, 約九百餘里, 從水路, 則歷京畿至忠淸道忠州, 下卸踰鳥嶺, 至慶尙右道尙州, 復從水路至金海府, 約一千餘里. 本處見有倭賊駐箚, 如要轉運交卸, 雖地方殘破, 須調夫馬船隻, 及水站船隻馱載接運, 仍令本處官司, 照數交付. 儲積處所, 唯慶州有城子堪爲固守, 而大丘·靈山二處, 原無城子, 不可儲峙. 又自江華從海路, 歷京畿·忠淸·全羅至慶尙右道巨濟縣管內閑山島, 約一千四百餘里. 又照江原道江陵·三陟等處, 粮餉可運, 至慶尙左道長鬐海口, 從水路約七八百里. 本道近地寧海·靑松等處, 俱係僻路, 原非大兵往來, 亦非屯駐之所. 見有糧餉雖十分不敷, 亦可從便撥運, 本處備用. 大槩自江華至慶尙一道, 或水或陸, 道路旁通, 皆可轉運, 長鬐海口亦係慶尙左道, 離賊營稍遠去處, 與江原沿海地方相通, 且有近地些少應運之糧. 但目今大勢倭賊, 分起進搶已入腹裡, 至於圍打南原城子, 慶尙右道及左道沿江地方, 俱在套外不可復議, 長鬐亦非目下緊要之地. 唯江華一處, 係是京畿要口, 且有城子倉房, 姑將天朝海陸二運粮餉, 及本國平安道米豆, 俱於本處收貯, 随該大兵所經所駐處, 搬運接濟, 委爲便益. 仍照, 自閑山水兵敗潰之後, 各該防海陪臣退守全羅沿海要害, 以待天朝水兵之至. 本處糧餉, 宜從前項海路搬運. 合無備將前因, 咨復本司, 以憑轉詳施行. 相應. 等因.

具啓. 據此. 當職爲照, 但目今大勢倭賊, 分起進搶已入腹裡, 至於圍打南原城子, 慶尙右道及左道沿江地方, 俱在套外不可復議, 長鬐亦非目下緊要之地. 唯江華一處, 係是京畿要口, 且有城子倉房, 姑將天朝海陸二運糧餉, 及本國平安道米豆, 俱於本處收貯, 随該大兵所經所駐處所, 搬運接濟, 委爲便益. 仍照, 自閑山水兵敗潰之後, 各該防海陪臣退守全羅沿海要害, 以待天朝水兵之至. 本處糧餉, 宜從前項海路搬運. 煩乞貴司, 備將前因, 作速轉詳都院, 嚴催後頭水陸官兵, 星夜前進, 協勢征剿, 仍將該運糧餉, 亦令刻期運完, 以濟軍興, 不勝幸甚. 擬合咨復. 爲此, 合行回咨, 請照驗轉詳施行. 須至咨者.

右咨欽差經理朝鮮監軍按察使.

萬曆二十五年八月十八日.

발신: 조선국왕

사유: 군량을 헤아려 운반하는 일입니다.

[조선국왕] 본년 8월 13일, 전사(前事)[132]와 관련해서 흠차경리조선감군안찰사 소(응궁)의 자문을 받았습니다.

[소응궁] 「운운」, 지연하지 마시길 바랍니다.

[조선국왕] 이를 받고서, 호조·병조 두 조에 문서를 보냈고 회의한 회답의 장계를 받았습니다.

[호조·병조] 삼가 조사하니, 경상좌도의 안동·대구·경주, 우도의 상주·성주·진주는 모두 형세가 둔병할 만합니다. 그리고 좌도의 경주·밀양 길은 서생·부산과 통하며 우도의 진주·함안길은 죽도·안골·가덕과 통합니다.

132) 본 문서의 사안인 '爲酌運粮餉事'를 가리킨다.

모두 진병할 수 있는 지역입니다. 그 지나가는 장소로는, 경성에서 경기도와 충청도를 지나 죽령을 넘어 경상좌도 경주 등처에 도달하는 것을 동로라고 이릅니다. 경기도와 충청도를 지나 조령을 넘어 경상좌도 대구 등처에 도달하는 것을 중로라고 이릅니다. 경기도와 충청도를 지나 추풍령을 넘어 경상우도 성주 등처에 이르는 것을 서로라고 이릅니다. 또 하나의 길이 있는데, 경기도·충청도·전라좌도를 지나 팔량치를 넘어 경상우도 진주 등처에 도달합니다.

앞서 언급한 둔병하고 진병하고 통과하는 지역은 모두 병화를 겪고 여러 해 군량 운송으로 탕진했는데, 오직 충청도의 충주와 공주, 경상도의 안동과 경주, 전라도의 전주와 남원은 각 처에서 운송해 저장한 군량이 약간 있어 천병의 식량으로 공급할 수 있으나, 충주·공주·전주·남원은 부총병 양(원)·오(유충) 및 유격 진(우충)이 지나가며 주둔해 지급한 것이 이미 많습니다. 군량을 운송하는 도로는 강화에서 시작해 육로를 따를 경우, 경기도와 충청도를 지나 경상좌도 장기현에 이르는 것이 약 1천 여리, 경상좌도 대구부에 이르는 것이 약 8백 여리, 경상좌도 영산현에 이르는 것이 약 9백 여리이며, 수로를 따를 경우, 경기도를 지나 충청도 충주에 이르러 짐을 풀고[133] 조령을 넘어 경상우도 상주에 이른 뒤 다시 수로로 김해부에 이르는 것이 약 1천 여리입니다. 이곳[김해]에는 왜적이 주둔하고 있기에 만약 옮겨 운반해 (군량을) 인계하도록 해야 한다면 비록 지방이 잔파됐다고 하더라도 모름지기 부마(夫馬)와 선척을 조발하고 아울러 수참(水站)의 선척에 짐을 실어 접운(接運)하며 덧붙여 이곳의 관사에 명해 수량을 헤아려 교부하도록 해야 할 것입니다. (군량을) 저장할 곳은, 오직 경주만이 성이 있어

133) 남한강을 따라 해운으로 충주까지 군량을 운송한 후, 이를 하역해서 다시 육로를 통해 수송하는 방식이다.

굳게 지킬 수 있으며 대구·영산 두 곳은 원래 성이 없어 비축할 수 없습니다. 또 강화에서 해로를 따라서, 경기도·충청도·전라도를 지나 경상우도 거제현 관내 한산도에 이르는 길이 약 1천4백 리입니다. 또한 강원도 강릉·삼척 등처를 살펴보면 군량을 운송할 수는 있는데 경상좌도 장기 해구에 도달하는 것이 수로를 따라 약 7~8백리입니다. 본도에서 가까이 있는 영해·청송 등처는 모두 길이 험해 애초부터 대병[명군]이 왕래할 수 없으며 주둔할 수 있는 장소도 아닙니다. 현재 군량이 비록 매우 부족하기는 하지만 또한 편의에 따라 발운(撥運)해 본처에서 대비하는 용도로 쓸 수 있습니다. 대개 강화에서 경상도 한 도에 이르기까지 혹은 수로로 혹은 육로로 오가는 길이 두루 통하니 모두 옮겨 운반할 수 있는데 장기의 해구 또한 경상좌도에 속해 적의 진영과 거리가 자못 떨어져 있고 강원 연해 지방과 서로 통하며 또한 근처 지방에서 약간의 군량을 운송할 수 있습니다.

다만 지금 대규모의 왜적이 나누어 일어나 공격해 이미 내지로 들어와 남원성을 포위하고 공격하는 데 이르렀고 경상우도 및 경상좌도 강가에 위치한 지역은 모두 조선군의 세력권 밖에 있어 다시 논의할 수 없으며 장기 또한 지금 급한 지역은 아닙니다. 오직 강화 한 곳은 바로 경기도의 중요한 입구이며 또한 성과 창고가 있으니 우선 천조에서 바다와 육로 두 길로 운송한 군량 및 본국 평안도의 쌀과 콩을 모두 이곳에 모아서 저장했다가 대병이 지나고 주둔하는 곳에 따라 운반해 접제하면 실로 좋겠습니다. 덧붙여 살펴보니, 한산도 수병이 패배한 이후 해안 방어를 담당한 모든 배신(陪臣)들이 전라도 연해의 요해지로 물러나 수비하면서 천조의 수병이 이르기를 기다리고 있습니다. 이곳의 군량은 당연히 앞선 항목의 해로를 통해 운반해야 합니다. 이번에 받은 위의 자문 내용과 관련해서 갖추어 본사[소응궁]에 자문으로 회신해 이를 근거로 (양호에게) 전상(轉詳)하도록 하는 것이 어떨까 합니다.

[조선국왕] 갖춘 장계를 받고 당직이 살펴보건대, 지금 대규모의 왜적이 나누어 일어나 공격해 이미 내지로 들어와 남원성을 포위하고 공격하는 데 이르렀고 경상우도 및 경상좌도 강가에 위치한 지역은 모두 조선군의 세력권 밖에 있어 다시 논의할 수 없으며 장기 또한 지금 급한 지역은 아닙니다. 오직 강화 한 곳은 바로 경기도의 중요한 입구이며 또한 성과 창고가 있으니 우선 천조에서 바다와 육로 두 길로 운송한 군량 및 본국 평안도의 쌀과 콩을 모두 이곳에 모아서 저장했다가 대병이 지나고 주둔하는 곳에 따라 운반해 접제하면 실로 좋겠습니다. 덧붙여 살펴보니, 한산도 수병이 패배한 이후 해안 방어를 담당한 모든 배신(陪臣)들이 전라도 연해의 요해지로 물러나 수비하면서 천조의 수병이 이르기를 기다리고 있습니다. 이곳의 군량은 당연히 앞선 항목의 해로를 통해 운반해야 합니다. 번거롭더라도 귀사에서 이번에 받은 위의 자문 내용과 관련해서 갖추어 서둘러 도원[양호]에 전상(轉詳)하고 후발 수륙 관병을 엄하게 재촉해 밤을 새워 전진하고 협세해서 정초(征剿)하도록 하며 덧붙여 군량 운송 또한 기한에 맞추어 운반을 완료해 군수를 접제하도록 한다면 크게 다행이겠습니다. 헤아려 보건대 마땅히 자문으로 회신해야 하겠습니다. 이에 마땅히 회자하니 청컨대 살펴 전상(轉詳)해 주십시오. 자문이 잘 도착하기를 바랍니다.

이 자문을 흠차경리조선감군안찰사에게 보냅니다.

만력 25년 8월 18일.

43. 麻總兵詳議水砦船隻
51a-52b(247~250쪽)

欽差備倭總兵官後軍都督府都督同知麻,

爲 稟報船隻 事.

准欽差經理朝鮮軍務右僉都御史楊手本.

據金州守備龔念遂報稱.

本年七月二十九日申時, 浙江遊擊徐澄, 帶領中軍千·把總王啓予等五員, 各領水兵騎駕大船一百五隻, 進入旅順關口拴泊. 等情.

到院. 據此. 案照, 閑山失守, 已經會查, 損傷官兵·船隻·器械, 委官頂補調製船隻. 及查閑山迤西迤北, 尙有幾島衝要, 今應何處駐防, 去後, 向未囬復. 今據浙兵已到, 急當分地駐防. 爲此, 合用手本前去, 煩照先今文內事理, 卽查閑山原設水兵·船隻各若干, 損傷各若干, 新補過水兵製調船隻, 各若干, 共該若干, 已選某官頂補元均管領, 見在某處駐防. 其閑山迤西迤北, 尙有某島, 極爲衝要, 今來浙兵應在某處泊駐, 與何處兵馬聲勢相接應援, 該地貯有糧餉若干, 有無足兵應用, 逐一查酌, 停妥調度駐防. 仍希由囬復本院, 以憑施行. 等因.

准此. 擬合行會. 爲此, 合咨前去, 煩查閑山島水兵船隻, 自損傷之後, 新補過水兵若干, 製調過船隻若干, 已令李順臣見在某處駐防. 其閑山迤西迤北, 尙有某島, 極爲衝要. 今來浙兵應於某處泊駐, 與何處兵馬聲勢相接應援, 該地貯有糧餉若干, 有無足兵應用, 逐一查酌, 停妥調度駐防. 囬復過府, 以憑轉復施行. 此係緊急事理, 請勿遲延. 須至咨者.

右咨朝鮮國王.

萬曆二十五年八月十六日.

발신: 흠차비왜총병관후군도독부도독동지 마(귀)

사유: 선척을 알려 보고하는 일입니다.

[마귀] 흠차경리조선군무우첨도어사 양(호)의 수본을 받았습니다.

[양호] 금주 수비 공염수가 보고했습니다.

[공염수] 본년 7월 29일 신시, 절강 유격 서징이 중군의 천총과 파총 왕계여 등 5원을 지휘해서 각각 수병과 기가(騎駕) 그리고 대선 1백 5척을 이끌고 여순관구에 진입해 정박했습니다.

[양호] (보고가) 본부원에 도착했습니다. 이를 받고 이전에 처리한 문서를 살펴보니, 한산(도)의 수비에 실패한 이후 손상을 입은 관병·선척·기계와 관리를 뽑아 결원을 보충하고 선척을 제조할 것을 이미 모여서 조사했습니다. 아울러 한산(도) 이서와 이북에 어떤 요충지의 섬이 있는지, 지금 마땅히 어느 곳에 주둔하고 방어해야 할지에 대해 조사했는데, 그 후 아직까지 회답을 받지 못했습니다. 이제 절강병이 이미 도착했다는 보고를 받았으니

조속히 지역을 나누어 주둔하며 방어해야 합니다. 이에 마땅히 수본을 써서 보내니, 번거롭더라도 앞서 보낸 문서와 지금 보낸 문서의 내용을 살펴, 즉시 한산(도)에 원래 설치한 수병과 선척이 각각 어느 정도인지, 손상된 것이 각각 어느 정도인지, 새로 보충한 수병과 제조한 선척이 각각 어느 정도이며 총수가 어느 정도인지, 어떤 관원을 이미 선발해 원균이 관할하던 것을 대신했는지, 현재 어느 곳에서 주둔해 방어하는지 조사하십시오. 그 한산(도) 이서와 이북에서는 또한 어떤 섬이 가장 요충지인지, 지금 오는 절강병이 마땅히 어느 곳에 정박해 주둔하며 어느 곳의 (조선) 병마가 성세가 돼 함께 응원할지, 해당 지역에 저장된 군량은 얼마나 있는지, 운용하기에 충분한 군병은 있는지 없는지를 하나하나 조사하고 헤아려 조도[134]·주둔·방어를 적절히 조치하십시오. 덧붙여 사유를 갖추어 본원[양호]에 회답해 이를 근거로 할 수 있도록 하십시오.

[마귀] 이를 받고 헤아려 보건대 마땅히 문서를 보내 알려야 하겠습니다. 번거롭더라도 한산도 수병·선척이 손상된 후 새로 보충한 수병이 어느 정도인지, 제조한 선척이 어느 정도인지, 이순신에게 이미 명령해 현재 어느 곳에서 주둔하고 방어하도록 했는지를 조사하십시오. 그 한산의 이서와 이북에서는 또한 어떤 섬이 가장 요충지인지, 지금 오는 절강병이 마땅히 어느 곳에 정박해 주둔하며 어느 곳의 (조선) 병마가 성세가 돼 함께 응원할지, 해당 지역에 저장된 군량은 얼마나 있는지, 운용하기에 충분한 군병은 있는지 없는지를 하나하나 조사하고 헤아려 조도·주둔·방어를 적절히 조치하십시오. 회답을 부[마귀]에게 건네 이를 근거로 전복(轉復)할 수 있도록 해 주십시오. 이는 긴급한 사안에 속하므로 청컨대 지연하지 마십시오. 자문이 잘 도착하기를 바랍니다.

134) 절도 있는 범위 내에서 조발하거나 부세를 거둔다는 의미로 쓰였다.

이 자문을 조선국왕에 보냅니다.

만력 25년 8월 16일.

44. 回咨
52b-53b(250~252쪽)

朝鮮國王,

爲 稟報船隻 事.

本年八月十六日, 准欽差備倭総兵官後軍都督府都督同知麻咨前事.

云云, 請勿遲延.[135] 等因.

准此. 行據兵曹狀啓.

自閑山失守之後, 卽令新任水軍統制使李順臣, 督同新任全羅右水軍節度使金億秋, 新任忠清道水軍節度使權俊等, 整點見在兵船三十餘隻, 退守閑山迤西全羅沿海要害, 添調水兵, 加造船隻, 以待天朝水兵之至. 該添調加造過數目, 未及查明回啓. 天朝水兵泊駐處所, 如順天管內防踏鎭, 海南管內右水營前洋, 俱係應守去處, 可與本國水兵協同防守. 仍與南原駐箚副捴兵楊, 全州駐箚遊擊陳, 兵馬聲勢相接應援, 該支糧餉, 戶曹已經行文忠清道觀察使鄭允佑, 全羅道觀察使黃愼等, 於沿海

135) '請勿遲延' 앞에는 문서 43의 전반부에 해당하는 양호의 지시 내용 전체와 문서 43의 후반부에 해당하는 마귀가 조선국왕에게 요청한 내용인 '准此. 擬合行會. 爲此, ~ 此係緊急事理,' 부분이 생략됐다.

州縣收合糧米，以擬接濟支放．但念卽目大勢賊船已犯順天地方防踏，若又不守，在右水營前洋把截爲便．合無再行李順臣等，作速頂補調製，又令戶曹再行鄭允佑·黃愼，作速措辦聽候，仍各將水兵船隻，及糧餉數目，査明回啓，以憑咨報，先將所據各項緣由，咨復本府，以憑轉復施行．相應．等因．

具啓．據此．卽令戶·兵二曹，再行李順臣·鄭允佑·黃愼等，作速頂補調製措辦聽候．仍各將水兵·船隻·糧餉數目，査明回啓，以憑咨復外，仍照所據各項緣由，理合急速咨復，以憑轉報．爲此，合行回咨前去，煩爲査照轉復施行．須至咨者．

右咨欽差備倭都督府．

萬曆二十五年八月十九日．

발신: 조선국왕

사유: 선척을 알려 보고하는 일입니다.

[조선국왕] 본년 8월 16일, 전사(前事)[136]와 관련해서 흠차비왜총병관후군도독부도독동지 마(귀)의 자문을 받았습니다.

[마귀] 「운운」, 청컨대 지연하지 마십시오.

[조선국왕] 이를 받고 병조에 문서를 보내 장계를 받았습니다.

[병조] 한산(도)에서 수비에 실패한 이후, 즉시 신임 수군통제사 이순신으

136) 본 문서의 사안인 '爲稟報船隻事'를 가리킨다.

로 하여금 신임 전라우수군절도사 김억추와 신임 충청도수군절도사 권준을 독려해 현재 보유한 병선 30여 척을 점검하고 한산 이서 전라 연해의 요해지로 물러나 수비하면서 수병을 더 조발하고 선척을 더 제조함으로써 천조의 수병이 이르기를 기다리도록 했습니다. 더 조발하고 제조한 수효와 관련해서는 아직 명백히 조사한 계문이 도착하지 않았습니다. 천조의 수병이 정박하며 주둔할 곳은 순천 관내의 방답진이나 해남 관내의 우수영 앞바다 같은 곳인데 모두 응당 수비해야 할 곳으로 본국 수병과 협동해 방수할 만한 곳입니다. 덧붙여 남원에 주차한 부총병 양(원) 및 전주에 주차한 유격 진(우충)과 성세가 되어 함께 응원할 병마에 대해 지급할 군량은 호조가 이미 충청도관찰사 정윤우와 전라도관찰사 황신에게 문서를 보내 마땅히 연해 주현에서 수합한 군량미로 접제해 공급하도록 했습니다. 다만 생각건대, 지금 대규모 적선이 이미 순천 지방의 방답(진)을 침범했으니 만약 또 다시 지키지 못한다면 우수영 앞바다에서 막아 끊는 것이 가장 편리할 것입니다. 이순신 등에게 다시 문서를 보내 속히 (수병을) 보충하고 (선박을) 제조하도록 하고 또 호조로 하여금 정윤우와 황신에게 다시 문서를 보내 속히 (군량미를) 마련하고 조달해 기다리도록 하며 덧붙여 각 수병의 선척 및 군량의 수목을 명백하게 조사해 장계로 회답하도록 해서 이를 근거로 자문으로 보고하되 우선 앞서 언급한 각 항의 연유에 대해서 자문으로 본부[마귀]에 회신해 이를 근거로 전복(轉復)하도록 하면 어떨까 합니다.

[조선국왕] 갖춘 계문을 받고서 즉시 호조·병조 두 조로 하여금 이순신·정윤우·황신에게 다시 문서를 보내 속히 (수병을) 보충하고 (선박을) 제조하도록 하고 (군량을) 마련하고 조달해 (명군을) 기다리도록 했습니다. 덧붙여 각각 수병·선척·군량의 수목에 대해 명백히 조사하고 장계로 회답하도록 해서 이를 근거로 자문으로 회신하는 것 외에도, 덧붙여 앞서 언급한 각 항목의 연

유에 따라 마땅히 조속히 자문으로 회신해 이를 근거로 전보(轉報)하도록 하십시오. 이에 마땅히 회자해 보내니, 번거롭더라도 살펴 전복(轉復)해 주십시오. 자문이 잘 도착하기를 바랍니다.

이 자문을 흠차비왜도독부에 보냅니다.

만력 25년 8월 19일.

45. 本國咨報南原被陷賊勢益急

53b-55a(252~255쪽)

朝鮮國王,

爲 南原已破, 賊勢益急, 乞急催中軍彭所領兵馬, 着令星夜赴援 事.

本年八月十八日午時, 総兵麻伺候陪臣張雲翼啓稱.

臣在總兵衙門聽得, 有哨探官寗國胤·邵應忠·郭紳稟稱, 本月十七日巳時, 郭大海帶領楊副將營中牢子黃仲仁等五名, 俱步行前來, 說稱倭賊四面攻打, 四五晝夜, 兵卒力盡, 於十六日一更時分, 南原城被賊打破, 楊副將從西門殺出, 不知去向. 等因.

具啓. 據此. 爲照, 副捴兵楊, 以三千之軍被圍孤城, 形勢十分危迫. 當職南望頓足, 不勝憂悶, 責令陪臣本道兵馬節度使李福男, 協同防禦使吳應台, 率領本道軍兵, 幷京下砲·殺等手, 極力赴援. 卽據撥報, 本城已爲不守, 副總兵楊不知去向. 當職拊膺長慟, 不知所言. 本賊聲勢鴟張, 今又乘勢長駈, 其勢已迫全州. 本州駐箚遊擊陳, 兵馬只有二千餘, 雖遊擊牛·頗·總兵標下中軍張, 相繼赴援, 而軍數不多. 都城則只有総兵麻標下兵若干, 遊擊擺所領兵二千餘, 軍勢十分孤弱, 而後到兵馬來期尙遠, 設令速到，遠來疲頓猝難應敵，委爲悶迫．聽得貴院標下中軍副總兵彭，帶領精銳義兵，已到平壤，而本軍一可當百．煩乞貴院，即調本官着令急帶原領官軍，馳赴京城，與總兵麻協力拒守，仍嚴催後到兵馬，亦令星夜前來，以救阽危之急，不勝幸甚．擬合咨稟．爲此，合行移咨，請照驗急催施行．須至咨者．

右咨欽差經理朝鮮軍務都察院．

萬曆二十五年八月 日

발신: 조선국왕

사유: 남원이 이미 함락되어 적세가 더욱 시급하니 바라건대 중군 팽(우덕)이 이끄는 병마로 하여금 서둘러 구원하도록 하는 일입니다.

[조선국왕] 본년 8월 18일 오시, 총병 마(귀)의 사후배신 장운익의 계문을 받았습니다.

[장운익] 신이 총병아문에 있다가 초탐관 영국윤·소응궁·곽신이 "본월 17일 사시 곽대해가 양(원) 부장 진영의 옥졸 황중인 등 5명을 데리고 모두 걸어서 왔는데, '왜적이 4~5일 밤낮을 사면으로 공격해 병졸이 힘이 다했고 16일 1경에 남원성이 적에 의해 격파돼 양부장이 서문에서 적을 죽이며 빠져나갔는데 어디로 갔는지 알 수 없습니다.'라고 말했습니다."라고 (총병에게) 보고하는 것을 들었습니다.

[조선국왕] 갖춘 장계를 받고서 살펴보니, 부총병 양(원)이 3천 군사로 외로운 성에 포위되어 형세가 매우 위박했습니다. 당직은 남쪽을 바라보고 발을

구르며 걱정되는 마음을 그칠 수 없었습니다. 배신 본도병마절도사 이복남으로 하여금 책임지고 방어사 오응태와 협동해서 본도의 군병 및 경하(京下)의 포수와 살수를 이끌고 힘을 다해 구원하도록 했습니다. 지금 본성[남원성]이 이미 수비에 실패했고 부총병 양(원)의 간 곳을 알 수 없다는 파발의 보고를 받았습니다. 당직은 가슴을 치고 길이 통곡하며 어떻게 말해야 할지 모르겠습니다. 이 적이 포악한 성세를 떨치고 있는데 지금 또 기세를 타고 멀리 치고 들어왔고 그 기세가 이미 전주까지 임박했습니다. 본주[전주]는 유격 진(우충)이 주둔하고 있는데 병마가 단지 2천여 명이며 비록 유격 우(백영)과[137] 파(귀), 총병 표하 중군 장(유성)[138]이 이어서 구원하겠지만 (그들의) 병력이 많지 않습니다. 도성에는 단지 총병 마귀 표하의 병사 약간과 유격 파(새)가 거느린 2천여 명만 있어 군세가 매우 고단하고 약합니다. 후에 도착할 병마는 올 기한이 아직 멀고 설령 속히 도착하더라도 멀리 오느라 피로해서 갑작스럽게 적과 응전하기 어려울 것이니, 실로 매우 답답합니다. 들으니 귀원의 표하 중군 부총병 팽(우덕)이[139] 거느린 정예 의병이 이미 평양에 도착했다는데, 이 군사가 가히 일당백입니다. 번거롭더라도 귀원에 요청하건대, 즉시 본관[팽우덕]으로 하여금 조속히 원래 지휘하는 관군을 거느리고 경성으로 달려와 총병 마(귀)와 협력해 막아 지키도록 하고 덧붙여 뒤이어 도착하는 병마를

137) 유격 우백영(牛伯英, ?~?)이다. 부총병 조희빈(曹希彬)의 표하관으로 조선에 파견됐다. 신흠, 『象村稿』 卷39 「志」, 天朝詔使將臣先後去來姓名 記自壬辰至庚子, 四路提督以下諸將官及善後留駐將官 一時往來各衙門. 남원성 전투가 벌어지기 약 2주 전에 처음으로 선조를 알현했다. 『宣祖實錄』 卷90, 宣祖 30年 7月 甲寅(25日).

138) 장유성(張維城, ?~?)이다. 마귀의 표하관으로 조선에 파견됐다. 신흠, 『象村稿』 卷39 「志」, 天朝詔使將臣先後去來姓名 記自壬辰至庚子, 四路提督以下諸將官及善後留駐將官 一時往來各衙門. 남원성 전투가 벌어지기 약 한 달 전에 선조를 처음으로 알현했다. 『宣祖實錄』 卷90, 宣祖 30年 7月 己酉(20日).

139) 팽우덕(彭友德, ?~?)이다. 양호의 표하관으로 조선에 파견됐다. 신흠, 『象村稿』 卷39 「志」, 天朝詔使將臣先後去來姓名 記自壬辰至庚子, 楊萬兩經理以下諸官一時往來各衙門. 남원성 전투가 벌어지고 약 한 달 뒤에 선조를 처음으로 알현했다. 『宣祖實錄』 卷92, 宣祖 30年 9月 癸巳(6日).

엄히 독촉해 또한 성화와 같이 오도록 해서 위급한 상황에서 구해 주신다면 크게 다행이겠습니다. 헤아려 보건대 마땅히 자문으로 알려 보고해야 하겠습니다. 이에 마땅히 자문을 보내니, 바라건대 살펴 독촉해 주십시오. 자문이 잘 도착하기를 바랍니다.

이 자문을 흠차경리조선군무도찰원에 보냅니다.

만력 25년 8월 일.

46. 麻都督前揭
55a-55b(255~256쪽)

自楊總府在圍中, 寡人坐不貼席, 食不知味. 竊自謂軍勢信弱, 殘城信孤, 皇靈所臨總府, 又以威名鎭之, 彼遊魂假氣, 何敢遽薄. 固知小邦瑣甲不足爲有無於陣前, 而猶令本道節度使等官, 極力赴援, 昨接標下撥報, 嗚其有是耶. 寡人始信而疑之. 楊捴府曾有大功德於小邦, 以小邦不克弭亂之, 故重勞遠出, 卒之逢此挫衄, 不審神明所佑. 今在何邊, 倘金軀報全, 寡人存亡之憂, 當變以爲歡欣. 想大人失雲長之歎, 惻惻于中, 朝日敢行請見, 擬上慰沉痛, 下謝已罪, 有命, 不敢輒進, 心之慼慼, 有難徒以拊膺而少洩, 敢肅此鳴慰. 自餘縷縷言何可. 旣痛矣痛矣. 不宣.

양총부[양원]가 포위 중에 놓인 이래 과인은 좌불안석으로 먹어도 맛을 느끼지 못했습니다. 가만히 스스로 '군사의 세력이 참으로 약했고 잔파된 성채가 참으로 고립무원이었지만 황령(皇靈)이 총부에 임했고 또 위엄과 명성으로 압도했는데 정처 없이 떠도는 혼백처럼 남은 목숨을 간신히 의지하던 저것들이[140] 어찌 감히 갑작스럽게 육박해올 수 있었단 말인가.'라고 했습니다. 소방

140) 원문의 '假氣遊魂'은 "강남의 손권과 파촉의 유비가 간신히 목숨만 이은 채 정처 없이 떠돈 지 어언 48

의 군대가 부족해 군진 앞에 있으나 마나 하다는 것을 잘 알고 있지만 그래도 본도[전라도] 절도사 등 관원에 명해서 힘을 다해 가서 돕도록 했는데, 어제 (마귀) 표하의 파발이 전한 보고를 접하니, 아! 이런 일이 있습니까. 과인이 처음에는 믿어야 할지 의심했습니다. 양총부는 일찍이 소방에 큰 공덕이 있는데, 소방이 극복해 난을 평정하지 못했기에 노고를 거듭해 멀리 나오게 됐고 졸지에 이런 좌절을 겪게 됐으니, 신명의 도움이 살피지 못한 것입니다. 지금 어느 쪽에 있는지 혹시 천금 같은 몸을 보전하고 있다면 존망에 대한 과인의 걱정은 마땅히 기쁨으로 바뀔 것입니다. 대인[마귀]께서 (관)운장을 잃었음을 탄식하며 마음 속으로 매우 슬퍼할 것을 생각해 동이 트자마자 감히 만나보기를 요청해서 위로는 침통한 마음을 위로하고 아래로는 이미 저지른 죄를 사과하고자 했습니다만, 명(命)이 있었기에 감히 덜컥 나가지는 못했으나 이 슬픈 마음을 단지 가슴을 치는 것만으로는 조금이라도 달래기에 어려움이 있어 감히 이렇게 위로의 말씀을 진달합니다. 나머지 누누한 말이 어찌 가하겠습니까. 애석하고 애석합니다. 이만 줄입니다.

년이 지났다."라는 문구에서 인용된 어구이다. 『文選』 卷43, 「書下」 爲石仲容與孫晧書. "吳之先主, 起自荊州, 遭時擾攘, 播潛江表. 劉備震懼, 亦逃巴岷, 遂依丘陵積石之固, 三江五湖, 浩汗無涯, 假氣遊魂, 止於四紀". 이는 정유재란 이전 명군 주둔으로 일본군의 입지가 약화됐다는 조선의 인식, 혹은 그러한 인식을 부각하려는 의도를 반영한 표현으로 볼 수 있다.

47. 楊經理前揭
55b-56b(256~258쪽)

不穀[141]甚惛, 臨事不能審思而善處, 不特爲當局之迷. 蒙大人盛德, 將小邦機宜, 苦心經營纖毫無遺, 前後誨諭諄切, 不啻如面命耳. 提是, 雖出於聖天子, 必欲保全屬國之至意, 非大人高義所性而有之, 何能上體皇仁, 下恤垂亡, 至此之懇懇也. 不穀頑非木石, 豈不感激思有以儘力遵行用, 不孤委屬之盛義哉. 且辱示規條, 苟善以行之, 俱爲小邦之利. 當此阽危岌岌之日, 寧有一毫不自盡者哉. 但念小邦殘破已極, 無復有國王體樣. 遇有區畫, 必量勢度力, 使事與力相及, 然後方始停妥. 如貧家無一易事, 況大人所命, 必要着實行之, 不可以空言相答. 有若閑漫文字, 此其奉行之間, 或未免稽延, 而亦豈無路途滯傳之患也. 凡此違慢責專在身. 每承尊警, 有地靡容. 小邦有所謂承文院, 掌修文書. 躭延之罪, 本院陪臣, 理宜首當敢, 遣提調官吏曹參議許筬, 恭詣根前以俟嚴譴. 不勝愧懼. 統惟盛亮.

불곡이 심히 어리석어, 일에 임해서 깊이 살펴 생각하고 선처하지 못하니, 일

141) 조선국왕 선조의 겸칭으로 전쟁 중 명측 인사들과 주고받은 게첩에서 자주 등장한다.

에 닥쳐서 미혹될 뿐만이 아닙니다. 대인[양호]의 성덕을 입어 소방의 합당한 방침과 관련해 고심하며 경영해서 추호도 유감이 없도록 했고 앞뒤로 가르침을 주신 것이 정성스럽고 간절해서 면대하고 명령하는 것과 같을 뿐이 아니었습니다. 다만 이번 일은 비록 성천자께서 반드시 속국을 보전하려는 지극한 뜻에서 나왔다고 하지만 대인께서 높은 의리를 본성으로 타고 나지 않았다면, 어찌 위로는 황상의 인을 체득하고 아래로는 망조가 드리운 나라를 구해 주려는 뜻이 이처럼 정성스럽겠습니까. 불곡이 미련하나 목석은 아닐진대, 어찌 감격해서 힘을 다해 준용할 것을 강구함으로써 (조선을) 맡기신 두터운 뜻을 저버리지 않도록 하지 않겠습니까. 또한 보여주신 규조(規條)[142]는 진실로 잘 행한다면 모두 소방의 이익을 위한 것입니다. 이같이 위태로움이 급급한 날을 당해, 어찌 터럭 하나만큼이라도 스스로 다하지 않을 수 있겠습니까. 다만 생각건대 소방이 잔파된 것이 이미 극심해 국왕의 체모를 다시 얻지 못했습니다. 구획할 때를 만나 반드시 형세를 헤아리고 힘을 가늠해야 하는 것이니 일과 힘을 서로 맞닿게 한 연후에 바야흐로 알맞게 시행할 수 있습니다. 가난한 집안에 쉬운 일이 하나 없는 것처럼, 하물며 대인의 명하신 바를 반드시 착실히 행해야만 하니, 빈 말로 답할 수가 없습니다. 문서 전달이 태만하다는 지적의 경우, 이는 받들어 거행하는 사이에 혹 지체됨을 면치 못한 것이고 또한 어찌 도로에서 전달이 늦어지는 어려움이 없겠습니까. 무릇 어기고 소홀한 책임은 전적으로 제게 있습니다. 매번 높으신 타이름을 받을 때마다 땅이 있어도 몸을 둘 데가 없습니다. 소방은 이른바 승문원이 있어 (외교) 문서를 담당하고 있습니다. 지연된 죄는 본원 배신이 마땅히 먼저 감당해야 할 것이라 제조 이조참의 허성을 보내어 공손히 근전(根前)[143]에 나아가 엄한 견책을 기다

142) 권22의 전체적인 맥락에서 볼 때, 양호가 제시한 양국 간 외교문서의 수수 과정에 대한 지침으로 해석할 수 있다. 앞의 문서 8을 참조하기 바란다.

리도록 하겠습니다. 부끄러움과 두려움이 그치지 않습니다. 두루 잘 헤아려 주시길 바랍니다.

143) 직책 등의 뒤에 붙어 '~에게'라는 의미를 나타낸다. 구범진, 2012, 『이문 역주[상]』, 세창출판사, 51쪽.

48. 麻都督閑山失守今于何島添兵設備咨
56b-57b(258~260쪽)

欽差備倭總兵官後軍都督府都督同知麻,

爲 緊急倭情 事.

准欽差經理軍務都察院右都御史楊手本.

准欽差總督經略軍務兵部尙書邢咨前事.

照得, 倭奴兵船動稱千百隻, 一時出來. 及查閑山島水兵, 該國雖稱萬餘, 聞止有堪戰者五六千耳. 今朝鮮屢陣打破倭船, 恐激倭忿. 倘大集兵船圍功閑山, 而該島兵卽勇, 然寡不敵衆, 恐此島一陷, 則全羅·登·萊·天津沿海一帶, 皆無把截之兵, 揚帆深入矣, 甚爲可慮. 爲此, 除行麻總兵卽便會同朝鮮國王及各陪臣, 計議閑山島作何添設兵船若干協同功剿, 若事再急, 作何處置, 逐一速計設備, 毋致悞事外, 備咨到院, 煩爲查照, 會同議設施行.

准此. 擬合行會. 爲此, 合用手本前去, 煩爲查照, 閑山島旣已失守, 卽今應于何島, 作何添兵處置設備, 不致悞事. 希由囬復, 以憑查考施行. 請勿延緩. 等因.

到府. 准此. 擬合行會. 爲此, 合咨前去, 煩爲查照, 閑山島旣已失守, 卽今應于何島, 作何添兵處置設備, 不致悞事. 希由囬復本府, 以憑轉復施行. 須至咨者.
右咨朝鮮國王.

萬曆二十五年八月十三日.

발신: 흠차비왜총병관후군도독부도독동지 마(귀)
사유: 긴급한 왜적의 정세에 관한 일입니다.

[마귀] 흠차경리군무도찰원우도어사 양(호)의 수본을 받았습니다.

[양호] 전사(前事)[144]와 관련해서 흠차총독경략군문병부상서 형(개)의 자문을 받았습니다.

[형개] 살펴보니, 왜적들의 병선이 준동하되 수천 수백 척이라고 자칭하면서 일시에 나왔습니다. 아울러 한산도 수병을 조사하니, 해국(조선)이 비록 만여 명이라고 칭하나, 듣기로는 전투를 감당할 만한 자는 5~6천에 그친다고 합니다. 지금 조선이 여러 전투에서 왜선을 파괴해 왜적의 분노를 격발시킬까 두렵습니다. 만약 (왜적이) 병선을 많이 모아 한산을 포위하고 공격한다면 그 섬의 병사는 용맹하나 중과부적이라 이 섬이 한번 함락되면 전라도·등주·내주·천진 연해 일대는 모두 파절하는 병사가 없어 (왜적이) 돛을 올리고 깊이 들어올 것이니 매우 우려됩니다. 이에

144) 본 문서의 사안인 '爲緊急倭情事'를 가리킨다.

마(귀)총병에게 문서를 보내 즉시 조선국왕 및 각 배신과 회동해 한산도에 병선을 어떻게 얼마나 설치해서 협동으로 공격하고 격파할 것인지, 만약 일이 다시 급해지면 어떻게 조치할 것인지에 대해서 조속히 하나하나 대비책 마련을 계획해 일을 그르치는 데 이르지 말도록 하는 것 외에도, (마총병의) 갖춘 자문이 원[양호]에 도착하면 번거롭더라도 살펴 회동하고 의논해 주십시오.

[양호] 이를 받고 헤아려 보건대 마땅히 문서를 보내 알려야 하겠습니다. 이에 마땅히 수본을 보내니, 번거롭더라도 한산도가 이미 수비에 실패한 후 지금 어떤 섬에 어떻게 병사를 추가해 조치하면서 대비책을 마련하고 있는지를 조사하되 일을 그르치는 데 이르지 말도록 하십시오. 바라건대 사유를 회신해서 이를 근거로 조사하고 고려할 수 있도록 하십시오. 청컨대 지연시키지 마십시오.

[마귀] 부(府)에 도착했습니다. 이를 받고 살펴보건대, 마땅히 문서를 보내어 알려야 하겠습니다. 이에 마땅히 자문을 보내니, 번거롭더라도 한산도가 이미 수비에 실패한 후 지금 어떤 섬에 어떻게 병사를 추가해 조치하면서 대비책을 마련하고 있는지를 조사하되 일을 그르치는 데 이르지 말도록 하십시오. 바라건대 본부[마귀]로 사유를 회신해서 이를 근거로 전복(轉復)할 수 있도록 해 주십시오. 자문이 잘 도착하기를 바랍니다.

이 자문을 조선국왕에게 보냅니다.

만력 25년 8월 13일.

49. 回咨
57b-59a(260~263쪽)

朝鮮國王,

爲 緊急倭情 事.

本年八月十三日, 准欽差備倭總兵官後軍都督府都督同知麻咨前事.

准欽差經理軍務都察院右都御史楊手本.

准欽差總督經略軍務兵部尙書邢咨.

照得, 倭奴兵船動稱千百隻, 一時出來. 云云.

希由回復本府,[145] 以憑轉復施行. 請勿延緩.[146] 等因.

准此. 據兵曹狀啓.

自閑山島水寨失守之後, 已經責令新任水軍統制使李順臣, 督同新任全羅右道水軍節度使金億秋, 新任忠清道水軍節度使權俊等, 招集水手, 收合船隻, 退守全羅沿海要害, 如順天管內防踏鎭, 海南管內右水營前

145) '希由回復本府' 앞에는 형개의 요청에 따라 양호가 마귀를 통해 조선국왕에게 전달한 앞의 문서 48번의 후반부 내용의 첫 부분인 '准此. ~ 等因.'이 제외됐다. 이 과정에서 양호를 거쳐 형개가 마귀에게 주문한 요청 내용이 생략됐다.

146) 원문의 '請勿延緩'은 양호의 수본에 기재된 표현으로, 마귀의 요청 내용에는 나오지 않아 오기로 판단된다.

洋. 本地俱係禦賊去處, 而目今賊船充斥, 已犯全羅地方沿海一帶, 如順天·樂安等處, 俱被兵禍, 防踏如又不守, 則當駐泊右水營前洋, 以待天朝水兵之至. 合無遵依咨內事理, 再行前項李順臣等, 着令添調水兵, 加造船隻, 庶幾設備有素, 不致悞事. 仍將遵行過緣由, 咨復本府, 以憑轉復施行. 相應. 等因.

具啓. 據此. 爲照, 閑山島旣已失守, 如順天管內防踏鎭, 海南管內右水營前洋, 俱係禦賊去處, 而目今賊船充斥, 已犯全羅地方沿海一帶, 如順天·樂安等處, 俱被兵禍, 防踏如又不守, 則當駐泊右水營前洋, 以待天朝水兵之至. 煩乞貴府, 備將前因, 轉復軍門·都察院, 嚴催海道各起官兵, 星夜前進, 協同小邦水兵, 相機防勦, 不勝幸甚. 擬合咨復. 爲此, 合行回咨, 請照驗轉復施行. 須至咨者.

右咨欽差備倭都督府.

萬曆二十五年八月 日

발신: 조선국왕

사유: 긴급한 왜적의 정세에 관한 일입니다.

[조선국왕] 본년 8월 13일, 전사(前事)[147]와 관련해서 흠차비왜총병관후군도독부도독동지 마(귀)의 자문을 받았습니다.

[마귀] 흠차경리군무도찰원우도어사 양(호)의 수본을 받았습니다.

147) 본 문서의 사안인 '爲緊急倭情事'를 가리킨다.

[양호] 흠차총독경략군무병부상서 형(개)의 자문을 받았습니다.

[형개] 살펴보니, 왜적들의 병선이 준동하되 수천 수백 척이라고 자칭하면서 일시에 나왔습니다. 「운운」.

[마귀] 바라건대 본부로 사유를 회신해서 이를 근거로 전복(轉復)할 수 있도록 해 주십시오.

[조선국왕] 이를 받고서, 병조의 장계를 받았습니다.

[병조] 한산도의 수채가 수비에 실패한 후, 이미 신임 수군통제사 이순신에게 책임을 지워 신임 전라우도 수군절도사 김억추와 신임 충청도 수군절도사 권준을 독려해서 수부를 모집하고 선척을 거두어 모아 순천 관내 방답진과 해남 관내 우수영 앞바다와 같은 전라도 연해 요해지로 물러나 수비하도록 했습니다. 본 지역은 모두 적을 막을 곳이나 지금 적의 전선이 가득 찼고 이미 전라도 지역 연해 일대를 침범해 순천과 낙안 등의 지역이 모두 병화를 입어 방답(진)을 또한 지키지 못할 것이니, 우수영 앞바다에 정박해 주둔하며 천조 수병이 도착하기를 기다리는 것이 합당할 것입니다. 자문 속의 사리에 의거해 앞선 항목의 이순신 등에게 다시 문서를 보내 수병을 더 조발하고 선척을 더 제조하도록 한다면 아마도 대비책을 미리부터 갖춰 일을 그르치는 데 이르지 않을 것입니다. 덧붙여 준행한 연유를 본부[마귀]에 자문으로 회답해서 이를 근거로 전복(轉復)하는 것이 어떨까 합니다.

[조선국왕] 갖춘 장계를 받고서 살펴보니, 한산도가 이미 수비에 실패한 후, 순천 관내 방답진과 해남 관내 우수영 앞바다는 모두 적을 막을 곳이나 지금 적의 전선이 가득 찼고 이미 전라도 지역 연해 일대를 침범해 순천과 낙안 등의 지역이 모두 병화를 입어 방답(진)을 또한 지키지 못할 것이니, 우수영 앞바다에 정박해 주둔하며 천조 수병이 도착하기를 기다리는 것이 합당할 것입니다. 번거롭더라도 귀부에 요청하니, 위의 자문 내용과 관련해 갖추어 군문

과 도찰원에 전복(轉復)해서 해도(海道)[148]에서 각각 출병한 관병을 엄히 재촉해 밤을 세워 전진해 소방의 수병과 협동하면서 기회를 살펴 방어하고 공격하도록 해주신다면 크게 다행이겠습니다. 헤아려 보건대 마땅히 자문으로 회답해야 하겠습니다. 이에 마땅히 자문으로 회답하니, 청컨대 살펴서 전복(轉復)해 주십시오. 자문이 잘 도착하기를 바랍니다.

이 자문을 흠차비왜도독부에 보냅니다.

만력 25년 8월 일.

---

148) 명나라는 海道副使, 巡海道按察司副使 등 직책과 직명은 다양했지만, 해안과 접한 산동성·강소성·절강성·복건성·광동성에 해방과 무역을 감독하는 '해도(海道)' 관아를 설치했다. 앞의 문서 19 속 절강·직례·복건·광동 수군과 앞의 문서 43 속 절강 수군의 사례를 통해서 정유재란 당시 명나라가 산동을 제외한 네 지역에서 수군을 동원해 조선으로 파병한 사실을 확인할 수 있다. 여기서 직례는 남직례를 지칭하며, 현대의 강소성 남부와 안휘성 동부 그리고 상해 일대에 해당한다.

50. 哨備倭奴備辦粮餉咨
59a-60b(263~266쪽)

欽差備倭總兵官後軍都督府同知麻,
爲 緊急倭情 事.

蒙欽差總督經略軍務兵部尙書邢憲牌.

節據塘報, 倭奴兵船千百數, 一齊出來, 且趕散撥軍, 燒毁房屋, 掣去馬匹, 又殺擄高麗人畜. 而所來兵船多半下陸, 不盖窩鋪, 崖岸屯駐, 立旗擧火. 且說日本人擧深處, 村居者盡移南戈崖, 抄其壯丁, 做兵過來等情. 據報. 其勢甚大, 而待犯之形甚急. 但我之大兵未齊, 糧餉未集, 宜爲疑兵以張聲勢. 爲此, 牌仰本府, 卽便密行朝鮮領兵陪臣, 并我之領兵將領, 密令附近各兵於慶尙·全羅, 料倭進犯嚴密高抗去處, 各砌煙筒, 採打柴草, 夜則擧火, 晝則放煙, 以作大兵炊爨之意. 仍於各城空虛處所, 多張旗幟, 以作大兵分屯之形. 令朝鮮人分投流言, 天兵百萬聲勢, 以示倭知. 須遠爲把截隘口, 深哨遠哨, 無令倭奴窺我虛實, 使得乘機先犯. 此全在該鎭相機審勢, 以圖戰守, 以收全勝. 至於糧餉, 已促遼東速運, 而朝鮮正在穀熟, 亦須該鎭會同經理撫院, 并備倭管糧郎中,及海防道, 速督戶曹陪臣, 備辦接濟. 仍須面言國王, 與各陪臣, 不得推諉, 全靠天朝供辦, 以使軍需缺乏, 速將査行過緣由, 呈報査考. 等因.

蒙此. 擬合行會. 爲此, 合咨前去, 煩爲卽便密行附近各兵於慶尙 · 全羅, 料倭進犯嚴密高抗去處, 各砌烟筒, 採打柴草, 夜則擧火, 晝則放烟, 以作大兵炊爨之意. 仍於各城空虛處所, 多張旗幟, 以作大兵分屯之形. 令朝鮮人分投流言, 天兵百萬聲勢, 以示倭知. 須遠爲把截隘口, 深哨遠哨, 無令倭奴窺我虛實, 使得乘機先犯. 至於糧餉, 已促山東 · 遼東速運, 而貴國正在穀熟, 亦須速督戶曹陪臣, 備辦接濟. 仍諭各陪臣, 不得推諉, 全靠天朝供辦, 以使軍需缺乏, 速將査行過緣由, 回復本府, 以憑立等轉報施行. 須至咨者.

右咨朝鮮國王.

萬曆二十五年八月十七日.

발신: 흠차비왜총병관후군도독부동지 마(귀)
사유: 긴급한 왜적의 정세에 관한 일입니다.

[마귀] 흠차총독경략군무병부상서 형(개)의 헌패를 받았습니다.

[형개] 여러 차례 "수천 수백을 헤아리는 왜노의 병선이 일제히 나왔고 또한 파발꾼을 흩어놓고 건물을 불태우며 마필을 훔쳐가는 데다가 고려 사람[149]과 가축을 죽이고 납치한다고 합니다. 그리고 도착한 병선의 반 이상

149) 조선인을 뜻한다.

이 상륙해서는 건물을 짓지 않은 채 해안 언덕에 주둔하면서 깃발을 올리며 불을 피우고 있다고 합니다. 또 이르기를 일본인이 (후방의) 깊은 곳까지 거동해 촌락에 거주하는 이들을 모두 남과애(南戈崖)[150]로 옮기고 있으며 그중에서 장정을 뽑아 병사로 삼아 건너 보낸다고 합니다."라는 당보를 받았습니다. 보고를 받아보니, 그 기세가 매우 크며 침범을 기다리는 형세가 매우 급합니다. 다만 우리 대병[명군]이 아직 정돈되지 못했고 군량을 아직 모으지 못했으니 마땅히 의병(疑兵)으로 허장성세해야 할 것입니다. 이에 패(牌)를 본부[마귀]에 내리니 즉시 조선의 병사를 지휘하는 배신(陪臣)과 우리의 지휘관에게 비밀리에 문서를 보내 경상도와 전라도 부근의 모든 병사들로 하여금 은밀히 왜적이 침범해 엄밀히 수비하고 있는 곳을 헤아려 각각 연통을 겹쳐 놓고 땔감과 풀을 베어놓으며 밤이면 불을 올리고 낮이면 연기를 피워서 대병이 취사하는 모습을 꾸미도록 하십시오. 덧붙여 각 성의 공허한 지점에 기치를 많이 매어놓아 대병이 나누어 주둔하는 형세를 꾸미도록 하십시오. 조선인으로 하여금 천병 백만의 성세라는 유언(流言)을 나누어 퍼뜨려 왜적이 알도록 하십시오. 모름지기 멀리서 좁은 어귀를 막으면서 깊숙이 망보고 멀리 정탐해 왜노가 우리의 허실을 엿보아 기회를 타고 먼저 침범하지 못하도록 해야 합니다. 이는 전적으로 해당 진(鎭)이 기회를 보고 형세를 살핌으로써 전수(戰守)를 도모하고 전승(全勝)을 거두는 데 달려 있습니다. 군량에 이르러서는 이미 산동과 요동에 재촉해 속히 운반하도록 했고 조선에는 바로 곡식이 익을 때이니 또한 모름지기 해당 진(鎭)은 경리무원과 비왜관량낭중 및 해방도[151]와 회동하고 호조

150) 나고야(名護屋)를 명나라 사람들이 음차해서 부른 것으로 보인다.

151) 1597년 3월 명 조정에서는 임박한 일본군의 재침과 관련해 전략적으로 중요한 해안 지역에 비왜총병(備倭總兵), 해방병도(海防兵道), 관량부좌(管糧府佐) 등 일종의 임시 관직을 설치해 대일 전선의 군사 및 군량을 전담할 것을 논의했다. 『事大文軌』 卷20, 萬曆二十五年 三月 二十三日 都司咨會九卿科道會議東征.

배신을 속히 독촉해서 군량을 마련해 접제하도록 하십시오. 덧붙여, 모름지기 국왕 및 각 배신과 면대해서 책임을 미루며 전적으로 천조의 공급에 기댐으로써 군수가 결핍되지 않도록 하며 조사하고 시행한 연유를 속히 정문으로 알려 조사하고 고려할 수 있도록 하십시오.

[마귀] 이를 받고 헤아려 보건대 마땅히 문서를 보내 알려야 하겠습니다. 이에 마땅히 자문을 보내니, 번거롭더라도 즉시 경상도와 전라도 부근의 모든 병사들에게 비밀리에 문서를 보내 왜적이 침범해 엄밀히 수비하고 있는 곳을 헤아려 각각 연통을 겹쳐 놓고 땔감과 풀을 베어놓으며 밤이면 불을 올리고 낮이면 연기를 피워서 대병이 취사하는 모습을 꾸미도록 하십시오. 덧붙여 각 성의 공허한 지점에 기치를 많이 매어놓아 대병이 나누어 주둔하는 형세를 꾸미도록 하십시오. 조선인으로 하여금 천병 백만의 성세라는 유언(流言)을 나누어 퍼뜨려 왜적이 알도록 하십시오. 모름지기 멀리서 좁은 어귀를 막으면서 깊숙이 망보고 멀리 정탐해 왜노가 우리의 허실을 엿보아 기회를 타고 먼저 침범하지 못하도록 해야 합니다. 이는 전적으로 해당 진(鎭)이 기회를 보고 형세를 살핌으로써 전수를 도모하고 전승을 거두는 데 달려 있습니다. 군량에 이르러서는 이미 산동과 요동에 재촉해 속히 운반하도록 했고 귀국에는 바로 곡식이 익을 때이니 또한 모름지기 속히 호조 배신을 독촉해서 군량을 마련해 접제하도록 하십시오. 덧붙여, 각 배신에게 유시해서 책임을 미루어 전적으로 천조의 공급에 기댐으로써 군수가 결핍되지 않도록 하며 조사하고 시행한 연유를 속히 본부에 회답하셔서 이를 근거로 곧바로 전보(轉報)할 수 있도록 해 주십시오. 자문이 잘 도착하기를 바랍니다.

조선에 파견된 소응궁의 직책이 흠차정칙요양등처해방병비산동안찰사(欽差整勅遼陽等處海防兵備山東按察使)임을 고려할 때 원문의 '海防道'는 소응궁을 지칭하는 것으로도 해석할 수 있다. 실제로 명 조정에서는 해방도 설치를 논의하기 직전인 2월에 산동 지역의 해안 방어를 전담하는 안찰사로 소응궁을 임명했다. 『神宗實錄』 卷307 萬曆 25年 2月 26日. "陞陝西參政蕭應宮, 為山東按察使專管海防".

이 자문을 조선국왕에게 보냅니다.

만력 25년 8월 17일.

51. 回咨
60b-62a(266~269쪽)

朝鮮國王,

爲 緊急倭情 事.

本年八月十八日, 准欽差備倭總兵官後軍都督府都督同知麻咨前事.

云云, 轉報施行.[152] 等因.

准此. 卽遵依咨內事理, 着令兵曹, 密行各該領兵陪臣, 於慶尙·全羅·忠淸, 料倭進犯嚴密高抗去處, 各砌烟筒, 採打柴草, 夜則擧火, 晝則放烟, 以作大兵炊爨之意. 仍於各城空虛處所, 多張旗幟, 以作大兵分屯之形. 令人分投流言, 天兵百萬聲勢, 以示倭知. 須遠爲把截隘口, 深哨遠哨, 無令倭奴窺我虛實, 使得乘機先犯. 又督令戶曹轉行各道, 急收今年秋糧, 仍多方備辦, 以圖接濟軍餉外, 當職仍照, 卽目各起大勢倭賊, 已入腹裏, 東路之賊, 進搶慶尙左道昌寧·玄風, 右道高靈·草溪等處, 方圍打昌寧火旺山城. 中路之賊, 進搶慶尙右道宜寧·晉州等處, 與東路之賊, 聲勢相

152) '轉報施行' 앞에는 형개가 마귀에게 지시하는 내용이 담긴 앞의 문서 50의 전반부와 마귀가 조선국왕에게 전달하는 내용이 담긴 후반부 내용인 '蒙此. 擬合行會. 爲此, 合咨前去, ~ 速將査行過緣由, 回復本府, 以憑立等'까지가 모두 생략돼 있다.

應, 俱十分猖獗. 西路之賊, 進搶全羅道求禮·南原等處, 仍與天兵廝殺打破南原城子, 副総兵楊及小邦伺候陪臣鄭期遠等, 俱被陷沒, 不知死生. 本賊聲勢鴟張, 今又乘勝長驅. 全州屯駐遊擊陳, 軍馬勢甚孤弱, 遊擊牛·遊擊頗·中軍張, 節次赴援, 京城軍勢十分孤弱, 委爲悶迫. 煩乞貴院, 備將前因, 作速轉報軍門, 嚴督後頭, 陝·川等處, 各起兵馬, 着令星夜赴援, 仍急催山東·遼東等處, 該運本色, 亦令刻期搬運, 以濟軍餉, 不勝幸甚. 爲此, 合行回咨, 請照驗轉報施行. 須至咨者.

右咨欽差備倭都督府.

萬曆二十五年八月 日

발신: 조선국왕
사유: 긴급한 왜적의 정세에 관한 일입니다.

[조선국왕] 본월 8월 18일, 전사(前事)[153]와 관련해서, 흠차비왜총병관후군도독부도독동지 마(귀)의 자문을 받았습니다.

[마귀] 「운운」, 전보(轉報)할 수 있도록 하십시오.

[조선국왕] 이를 받고 즉시 자문의 사리에 따라 준행해 병조로 하여금 경상도·전라도·충청도에서 병사를 지휘하는 모든 배신들에게 비밀리에 문서를 보내서 왜적이 침범해 엄밀히 수비하고 있는 곳을 헤아려 각각 연통을 겹쳐 놓고 땔감과 풀을 베어놓으며 밤이면 불을 올리고 낮이면 연기를 피워서 대

153) 본 문서의 사안인 '爲緊急倭情事'를 가리킨다.

병이 취사하는 모습을 꾸미도록 했습니다. 덧붙여 각 성의 공허한 지점에 기치를 많이 매어놓아 대병이 나누어 주둔하는 형세를 꾸미도록 했습니다. 사람들로 하여금 천병 백만의 성세라는 유언(流言)을 나누어 퍼뜨려 왜적이 알도록 했습니다. 모름지기 멀리서 좁은 어귀를 막으면서 깊숙이 망보고 멀리 정탐해 왜노가 우리의 허실을 엿보아 기회를 타고 먼저 침범하지 못하도록 했습니다. 또 호조를 독촉해 각 도에 대신 문서를 전달해서 조속히 올가을의 양곡을 거두도록 하고 덧붙여 다방면으로 (군량을) 마련해 군량 접제를 도모하도록 하는 것 외에도, 당직이 살펴보니 현재 각지에서 출몰한 대규모의 왜적이 이미 내지로 들어와 동로(東路)의 왜적은 경상좌도 창녕·현풍과 경상우도의 고령·초계 등처로 진출해 노략질했고 바야흐로 창녕의 화왕산성을 포위해 공격하고 있습니다. 중로(中路)의 왜적은 경상우도 의령·진주 등처로 진출해 노략질하면서 동로의 적과 서로 성세를 이루며 호응했는데 모두 크게 창궐합니다. 서로(西路)의 왜적은 전라도 구례·남원 등처로 진출해 노략질했고 연이어 천병과 치열한 전투를 벌여 남원성을 무너트렸으니 부총병 양(원) 및 소방의 사후배신 정기원은 모두 함몰당해 생사를 모릅니다. 이 적은 성세를 떨치며 기세가 등등했고 지금은 또한 승기를 타고 깊숙이 (내지로) 치고 들어왔습니다. 전주에 주둔한 유격 진(우충)의 경우 군마의 형세가 매우 고단하고 약하기에 유격 우(백영)·유격 파(귀)·중군 장(유성)이 여러 차례 나아가 지원하니 경성의 군세가 매우 고단하고 약해져 실로 우려됩니다. 번거롭더라도 귀원에 요청하오니 위의 자문 내용과 관련해서 갖추어 속히 군문에 전보(轉報)해 후속 부대를 엄히 독촉해서 섬서와 사천 등처에서 각각 출병한 병마를 밤을 세워 나아와 지원하도록 하고 덧붙여 산동과 요동 등처에서 운송하는 본색을 또한 기한에 맞춰 운반하도록 서둘러 독촉함으로써 군량을 접제하도록 해주시면 크게 다행이겠습니다. 이에 마땅히 회자하니, 청컨대 살펴서 전보(轉報)해 주십시오. 자문이 잘 도착하기를 바랍니다.

이 자문을 흠차비왜도독부에 보냅니다.

만력 25년 8월 일.

52. 總兵楊元前揭
62a-63a(269~271쪽)

自大人在圍中, 消息阻絶, 寡人坐不貼席, 食不甘味, 載起載行, 屬耳南風. 責令本道領兵陪臣李福男·吳應台等, 糾率兵馬, 委身赴援, 此何能爲有無於陣前, 顧欲盡其鄙力所及者而已. 十八日, 從都督衙門, 得見撥傳言, 南原不守, 大人由西門殺出, 不知去向. 寡人拊膺頓足, 只欲一死而無地, 日夜所望者. 惟神明護衛, 若千金之軀, 着在那邊, 寡人雖朝夕國亡, 亦無所恨. 卽刻又得撥傳於都督衙門言, 大人率十餘軍丁, 已到恩津地方. 寡人且喜且感, 不覺涕泗之交下也. 此實皇上威靈, 大人忠義, 日月風雲, 盡爲保佑. 不然, 安得脫於七八匝縱橫豺虎之窟哉. 大人曾有大功德於小邦. 浿江之祠, 亦不足以整表下悰. 小邦不卽弭亂, 勞大人再出, 逢此潰圍之危, 此豈大人勇智不足. 以孤軍處殘城, 而小邦之民悉皆迸避, 致大人獨當方張之賊, 其城不破而何. 此實寡人之罪, 懍懍愧恧, 無以自解於天地. 謹遣陪臣刑曹參議丁景達, 星夜馳慰. 不腆薄物, 略具別幅. 非敢以此謂可爲禮, 念大人行李不備, 聊供一段之奉, 敢肅此專謝. 不宣.

대인이 포위된 이후로 소식이 끊겨 과인은 좌불안석으로 먹어도 맛을 느끼지 못했으며, 우왕좌왕하며 남쪽 소식에 귀를 기울였습니다. 본도 군사를 지휘하는 배신 이복남과 오응태에게 병마를 몸소 이끌고 나아가 지원하도록 했으나 이것이 어찌 군진에 큰 변수가 될 수 있었겠습니까만 그래도 그 비천한 힘이나마 미치는 바를 다하고자 했을 뿐입니다. 18일 도독아문으로부터 "남원을 지키지 못했고 대인은 서문으로 적진을 헤치며 나갔으나 간 곳을 모릅니다."라는 파발의 전보를 듣게 됐습니다. 과인은 가슴을 치고 발을 구르며 단지 이 한목숨 죽고자 했으나 죽을 곳조차 없어서 밤낮으로 바라기만 하는 바였습니다. 오로지 신명께서 보호해 주셔서 만일 천금 같은 몸이 어느 곳에라도 머물러 있다면 과인은 비록 아침저녁에 나라가 망하더라도 또한 한이 없었을 것이었습니다. 곧바로 또 도독아문으로부터 "대인이 10여 명의 군정을 이끌고 이미 은진 지방에 도착했습니다."라는 파발의 전보를 얻었습니다. 과인은 기쁘고 또 감격스러워 눈물과 콧물이 함께 흐르는 것을 깨닫지 못했습니다. 이는 실로 황상의 위령, 대인의 충의, 천지의 운행[154]이 모두 보호하고 도운 것입니다. 그렇지 않으면 어찌 일곱, 여덟 겹으로 종횡하는 호랑이와 승냥이의 굴에서 탈출할 수 있었겠습니까. 대인은 일찍이 소방에 큰 공덕이 있습니다. 패강[대동강]의 사당은 또한 저희의 감사하는 마음을 드러내기에 부족합니다. 소방이 나아가 난을 평정하지 못해서 대인이 다시 출진하는 노고를 겪게 했고 이같이 포위를 뚫는 위기에 처하도록 했으니, 이것이 어찌 대인의 용맹과 지략이 부족해서이겠습니까. 외로운 군사로 잔파된 성에 주둔하나 소방의 백성이 모조리 흩어져 피난해 대인이 홀로 무성한 적을 감당하게 됐으니 그 성이 격파되지 않고는 어떤 일이 벌어졌겠습니까. 이는 실로 과인의 죄로 두려

154) 원문의 '日月風雲'은 자연의 변화, 우주의 질서 등을 뜻하나 문맥상 하늘의 도움이라는 의미를 강조한 표현으로 보는 것이 타당할 것이다.

움과 부끄러움에 떨되 천지 간에 스스로 풀 길이 없습니다. 삼가 배신 형조참의 정경달을 파견해 밤을 세워 달려가도록 해서 위로합니다. 넉넉지 못하고 변변찮은 물품이나마 별폭[155]에 대략 갖추었습니다. 감히 이로써 예를 차렸다고 말할 수는 없겠습니다만 대인의 짐바리가 구비되지 못한 것을 생각해서 군색하게나마 일단(의 예물)을 올리며 감히 이렇게 별도로 (사람을 보내) 감사를 드립니다. 이만 줄입니다.

155) 하나의 문서 속에 별도의 설명을 담고 있거나 첨부문서 형태로 구성된 부분을 말한다.

53. 麻總兵嚴飭各處水兵以圖再新
63a-64b(271~274쪽)

欽差備倭總兵官後軍都督府都督同知麻,

爲 緊急倭情 事.

蒙欽差総督經略軍務兵部尙書邢憲牌.

近據塘報, 倭奴兵船, 擁犯閑山島, 攻敗朝鮮水兵, 而陸則進占金海·咸安·宜寧·晉州·慶州等處. 此閑山已失利. 而淸正之兵, 尙未見動, 且恐釜山之倭西犯全羅, 機張之倭東入慶尙. 今我兵若併力全羅, 彼機張之倭, 必由慶尙深入, 而王京一帶又可虞矣. 但我兵不貳萬, 分布爲難, 相應鼓舞朝鮮官兵, 於全·慶之間, 分防聯守, 随機應變, 斯保萬全. 爲此, 牌仰本府, 卽便會同經理都院, 將各營官兵, 雜以朝鮮之兵, 相機分發拒守全羅, 再於慶尙之鳥·竹·秋風三嶺, 及尙州等處, 多撥官兵拒守, 以扼入王京之路, 各營兵馬, 必要聯絡, 以便互相接應, 鳥嶺以南, 相機漸進. 仍速會國王, 嚴督都體察使李原翼·都巡察使權慄及金總兵, 速收拾閑山潰散兵船, 并再加選加整兵船, 爲振擧圖新, 再守閑山·南海之計. 仍督各陪臣, 將該國陸兵, 作速着實整鍊, 以待後到兵馬, 齊集擧事. 仍要切責朝鮮, 固不得仍前輕率挑戰, 自取攻敗, 亦不可因此一挫, 委靡不振, 坐以待斃. 此倭情緊急用兵機宜, 全賴撫鎭愼加籌策, 便宜行事, 以收全勝. 本府·院在遼陽, 催趲水陸兵, 過半亦將渡江, 共議戰守施行. 等因.

蒙此. 擬合就行. 爲此, 合咨前去, 煩爲嚴督都體察使李原翼·都巡察使權慄及金總兵, 速收拾閑山潰散兵船, 幷再加選加整兵船, 爲振擧圖新, 再守閑山·南海之計. 仍督各陪臣, 將該國陸兵, 作速着實整鍊, 以待後到兵馬, 齊集擧事. 固不得仍前輕率挑戰, 自取攻敗, 亦不可因此一挫, 委靡不振, 坐以待斃. 希將督率過緣由, 速復本府, 以憑轉報施行. 須至咨者.

右咨朝鮮國王.

萬曆二十五年八月二十日.

발신: 흠차비왜총병관후군도독부도독동지 마(귀)

사유: 긴급한 왜적의 정세에 관한 일입니다.

[마귀] 흠차총독경략군무병부상서 형(개)의 헌패를 받았습니다.

[형개] 근일 「왜노의 병선이 한산도를 둘러싸고 침범했는데 조선의 수병을 공격해 패퇴시켰으며 육지로는 김해·함안·의령·진주·경주 등처로 나아가 점령했습니다.」라는 당보를 받았습니다. 이는 한산에서 패한 것입니다. 그리고 기요마사의 병력이 아직 움직임이 없지만 또한 부산의 왜적이 서쪽으로 전라도를 침범하고 기장의 왜적이 동쪽으로 경상도를 침입할까 두렵습니다. 지금 우리 군사가 전라도에서 병력을 합한다면 저 기장의 왜적이 반드시

경상도를 거쳐 깊이 들어올 것이니 왕경 일대가 또한 염려됩니다. 다만 우리 군사는 2만이 되지 않아 나누어 포진하기 어려우니, 마땅히 전라도·경상도 사이에서 조선 관병을 고무해서 나누어 방어하고 잇달아 수비하면서 임기응변하도록 한다면 곧 만전을 기할 것입니다. 이에 패를 본부[마귀]에 내리니 즉시 경리도원[양호]과 회동해 각 군영의 관병을 조선 군사와 합쳐 서로 기회를 보아 나누어 보내 전라도를 막아 지키도록 하고 다시 경상도의 조령·죽령·추풍령 세 고개 및 상주 등처에 관병을 다수 조발해 막아 지켜 왕경으로 가는 길을 가로막되 각 군영의 병마는 반드시 연락해서 서로 지원하기에 유리하도록 하고 조령 이남은 기회를 보아 점차로 전진하도록 해야 합니다. 덧붙여 속히 조선국왕에게 알려 도체찰사 이원익, 도순찰사 권율 및 김총병[156]을 엄히 독촉해 한산도에서 궤산한 군병과 전함을 빨리 모으고 아울러 (군병을) 더 뽑고 전함을 더 정돈하며 떨쳐 일어나 새로이 도모해서 한산과 남해를 다시 지키기 위한 계책을 세우도록 하십시오. 이어서 각 배신을 독촉해 해국(조선)의 육군을 속히 착실하게 정돈하고 훈련시키면서 뒤에 도착할 병마[명군]가 가지런히 모여 거사할 때를 기다리도록 하십시오. 덧붙여 조선을 절실히 책망해 전과 같이 경솔히 도전해 스스로 패하지 않도록 하되 이 한 번의 좌절로 인해 실로 맥이 빠져 떨치지 못하고 앉아서 망하기를 기다려서도 안 된다고 하십시오. 이 긴급한 왜적의 정세와 용병의 합당한 방침은 모두 무진(撫鎭)이 더욱 신중히 계책을 세우는 데 달려 있으니, 편의에 따라 조치해 전승을 거두십시오. 본부[마귀]와 본원[양호]이[157] 요양에 있을 때 수륙병을 재촉해 (조선으로) 나가도록 했

156) 문서 54와 비교해 볼 때 김응서(金應瑞, 1564~1624)를 가리킨다.

157) 원문의 '本府院'은 '本府'와 '本院'을 함께 지칭한 것으로 해석한다. 문맥상 마귀와 양호로 번역하는 것이 적절하다.

고 과반이 또한 장차 강을 건널 것이니 함께 의논해 전수(戰守)하십시오. [마귀] 이를 받고 헤아려 보건대 마땅히 곧바로 시행해야 하겠습니다. 이에 마땅히 자문을 보내니, 번거롭더라도 도체찰사 이원익, 도순찰사 권율 및 김 총병[김응서]을 엄히 독촉해 한산도에서 궤산한 병력과 전함을 빨리 모으고 아울러 (군병을) 더 뽑고 전함을 더 정돈하며 떨쳐 일어나 새로이 도모해서 한산과 남해를 다시 지키기 위한 계책을 세우도록 하십시오. 이어서 각 배신을 독촉해 해국(조선)의 육군을 속히 착실하게 정돈하고 훈련시키면서 뒤에 도착할 병마[명군]가 가지런히 모여 거사할 때를 기다리도록 하십시오. 전과 같이 경솔히 도전해 스스로 패하지 않도록 하되 이 한 번의 좌절로 인해 실로 맥이 빠져 떨치지 못하고 앉아서 망하기를 기다려서도 안 됩니다. 바라건대 (보내온 자문에 대해 문서로) 본부[마귀]로 회답해 이를 근거로 전보(轉報)할 수 있도록 해 주십시오. 자문이 잘 도착하기를 바랍니다.

이 자문을 조선국왕에게 보냅니다.

만력 25년 8월 20일.

54. 回咨
65a-66a(275~277쪽)

朝鮮國王,

爲 緊急倭情 事.

本年八月二十日, 准欽差備倭總兵官後軍都督府都督同知麻咨前事.

蒙欽差總督經略軍務兵部尙書邢憲牌.

近據塘報, 倭奴兵船, 擁犯閑山島, 云云.

希將督率過緣由,[158] 速復本府, 以憑轉報施行. 等因.

准此. 行據兵曹狀啓.

即目已經行令水軍統制使李順臣, 督同全羅右道水軍節度使金億秋, 忠淸道水軍節度使權俊等, 收拾閑山潰散兵船, 更加僉調水兵, 製造船隻, 駐防全羅沿海要害, 如防踏鎭·右水營等處, 攔截西搶賊船, 待候天朝水兵, 爲再守閑山, 協勢進剿之計. 又經行令慶尙等道都體察使李原翼·都巡察使權慄, 督同慶尙左道兵馬節度使成允門[159]·右道兵馬節度

158) '希將督率過緣由' 앞에는 형개의 지시에 따라 마귀가 조선국왕에게 요청한 문서 53의 후반부 내용인 '蒙此. 擬合就行. ~ 坐以待斃.' 부분이 생략됐다.

159) 성윤문이다.

使金應瑞等, 整鍊各處陸兵, 以遏賊兵直擣鳥竹等領之路, 仍待天朝後頭兵馬齊到, 協同征剿去訖. 合無遵依咨內事理, 申飭前項各該陪臣, 而其輕率取敗委靡待斃等語, 委爲今日藥石之言, 乞幷諭中外, 責令刻意戒勵. 仍備由咨復本府, 以憑轉報. 相應. 等因.

具啓. 據此. 爲照, 所據申飭各該陪臣, 及幷諭中外戒勵緣由, 擬合備云咨復. 爲此, 合行囬咨, 請照驗轉報施行. 須至咨者.

右咨欽差備倭都督府.

萬曆二十五年八月二十二日.

발신: 조선국왕

사유: 긴급한 왜적의 정세에 관한 일입니다.

[조선국왕] 본년 8월 20일, 전사(前事)[160]와 관련해서 흠차비왜총병관후군도독부도독동지 마(귀)의 자문을 받았습니다.

[마귀] 흠차총독경략군무병부상서 형(개)의 헌패를 받았습니다.

[형개] 근일 「왜노의 병선이 한산도를 둘러싸고 침범했는데 「운운」.

[마귀] 바라건대 감독해 인솔한 연유를 속히 본부에 회답해서 이를 근거로 전보(轉報)할 수 있도록 해 주십시오.

[조선국왕] 이를 받고서 병조에 문서를 보냈고 장계를 받았습니다.

[병조] 현재 수군통제사 이순신에게 이미 문서를 보내 전라우도수군절도사 김억추와 충청도수군절도사 권준을 독려해 한산도의 궤산한 병력과 전함을

160) 본 문서의 사안인 '爲緊急倭情事'를 가리킨다.

수습한 후, 다시 수병을 더 조발하고 선척을 제조해서 전라도 연해의 요해처 방답진과 우수영 등처에서 주둔하고 방어하면서 서쪽으로 공격하는 왜적의 선박을 막아 끊고 천조의 수병을 기다렸다가 다시 한산(도)을 수비하며 군세를 합쳐 진격해 물리칠 계책을 세우도록 했습니다. 또한 경상등도도체찰사 이원익과 도순찰사 권율에게 이미 문서를 보내 경상좌도병마절도사 성윤문과 (경상)우도병마절도사 김응서를 독려해서 각 처의 육군을 정돈하고 훈련시켜 적병이 죽령 등의 고갯길을 바로 공격하는 것을 막도록 했으며, 덧붙여 천조의 후발 병마가 모두 도착하는 것을 기다려 협동해 나아가 공격하도록 했습니다. 자문의 사리에 따라 준수해서 이전의 각 항 담당 배신에게 신칙하고 「경솔히 패배하고서 실로 맥이 빠져 망하기를 기다린다.」는 말은 참으로 오늘날의 약석(藥石)이 되는 말이니 내외에 유시해서 마음에 새겨 경계하고 면려하도록 당부하는 것이 어떨까 합니다. 덧붙여 연유를 갖추어 본부[마귀]에 회답하는 자문을 보내 이를 근거로 전보(轉報)하도록 하십시오.

[조선국왕] 갖춘 장계를 받고 살펴보니, 앞서 언급한 각 담당 배신에게 신칙하고 아울러 내외에 유시해서 경계하고 면려하도록 한 연유를 헤아려 보건대 마땅히 회답하는 자문의 내용으로 갖춰야 하겠습니다. 이에 마땅히 회자하니, 청컨대 살펴서 전보(轉報)해 주십시오. 자문이 잘 도착하기를 바랍니다.

이 자문을 흠차비왜도독부에 보냅니다.

만력 25년 8월 22일.

55. 麻総兵催督本國兵馬進援南原
66a-67a(277~279쪽)

欽差備倭總兵官後軍都督府都督同知麻,

爲 緊急倭情 事.

准欽差經理朝鮮軍務都察院右僉都御史楊手本.

本月十七日戌時, 據哨探官寗國胤[161]等報稱.

十四日丑時, 據軍夜周端馳報.

登山望見, 南原城下, 煙火蔽天, 銃砲齊鳴. 自午至酉, 連衡四陳. 時有從雲峯來倭二三千, 徑揍北門, 三十里通全州後, 大路下營. 等情.

到院. 據此. 看得, 南原城內, 朝鮮軍民, 預已逃出, 相距全州百二十里, 倭衆圍困, 久難持. 待陳愚衷並吳惟忠兵馬, 俱宜前進解圍. 又朝鮮李元翼·權慄, 各領多兵, 遠避坐視, 一不近援, 深爲可恨. 爲此, 合用手本前去, 煩爲一面發兵調度解圍, 一面卽會國王催督李元翼·權慄, 各

161) 영국윤(寗國胤, ?~?)은 이여송(李如松)의 표하관으로 조선에 파견됐다. 신흠, 『象村稿』 卷39 「志」, 天朝詔使將臣先後去來姓名 記自壬辰至庚子, 李提督以下諸官一時往來各衙門.

領兵星火赴援, 共圖萬全. 如該國坐待失悞, 本院題奏, 朝廷另有別處. 本院不日先帶標兵馳往王京, 後來水陸官兵相繼竝進. 仍希由回照. 請勿延緩. 等因.

准此. 擬合行會. 爲此, 合咨前去, 煩爲催督李元翼·權慄, 各領兵星火赴援, 共圖萬全. 希由回覆本府, 以憑轉覆施行. 須至咨者.

右咨朝鮮國王.

萬曆二十五年八月二十日.

발신: 흠차비왜총병관후군도독부도독동지 마(귀)
사유: 긴급한 왜정(倭情)에 관한 일입니다.

[마귀] 흠차경리조선군무도찰원우첨도어사 양(호)의 수본을 받았습니다

[양호] 본월 17일 술시, 초탐관 영국윤 등으로부터 다음의 내용을 보고받았습니다.

[영국윤 등] 14일 축시, 관군 야불수 주단이 치보했습니다.

[주단] 산에 올라가 바라보니 남원성 아래 연기가 하늘을 덮고 총과 화포가 일제히 울렸습니다. 오시(午時)부터 유시(酉時)까지 (적들이) 네 방향으로 진을 형성해서 연이어 공격했습니다. 당시에 운봉으로부터 들어온 왜적 병력이 2~3천 명이었는데 지름길로 북문을 치고 전주로 통하는 30리의 후방까지 큰길가에 진지를 구축했습니다.

[양호] (영국윤의 보고가) 원[양호]에 도착했습니다. 이를 받고 살펴보건대,

남원성 안에 조선 군민이 미리 사전에 120리 떨어진 전주로 도망쳐 나갔고 왜적의 무리가 성을 에워싸고 압박하기에 오래 지탱하기는 어렵겠습니다. 진우충과 오유충의 병마를 기다리지만 모두 마땅히 전진해서 포위를 풀어야 합니다. 또한 조선의 이원익과 권율은 각각 많은 병사를 거느리고도 멀리 피해 좌시하면서 일절 가까이 와서 구원하지 않으니 심히 애석합니다. 이에 마땅히 수본을 보내오니, 번거롭더라도 한편으로는 군사를 동원해 포위를 풀고 한편으로는 즉시 조선국왕에게 알려 이원익과 권율을 독촉해서 각각 병사를 거느리고 밤을 세워 달려가 구원해 함께 만전을 도모하도록 하십시오. 만약 조선이 좌시해서 과오를 범한다면 본원[양호]이 (황제에게) 제본으로 주청해 조정에서 따로 특별한 조치가 있을 것입니다. 본원이 우선 며칠 내로 표하군을 이끌고 왕경으로 가고 뒤따라오는 수군과 육군이 서로 이어 나란히 진격할 것입니다. 덧붙여 바라건대, 사유에 대해 회답해 주십시오. 청컨대, 지체하지 마십시오.

[마귀] 이를 받들어 헤아려 보건대 마땅히 조선에 알려야겠습니다. 이에 마땅히 자문을 보내니 번거롭더라도 이원익과 권율을 독촉하여 각각 병사를 이끌고 속히 달려가 구원해 함께 만전을 도모하도록 하십시오. 바라건대 (보내온 자문에 대해 문서로) 본부[마귀]로 회답해 이를 근거로 전복(轉覆)할 수 있도록 해 주십시오. 자문이 잘 도착하기를 바랍니다.

이 자문을 조선국왕에게 보냅니다.

만력 25년 8월 20일.

56. 回咨

67a-70b(279~286쪽)

朝鮮國王,

爲 緊急倭情 事.

本年八月十二一日, 准欽差備倭捴兵官後軍都督府都督同知麻咨前事.

准欽差經理朝鮮軍務都察院右僉都御史楊手本.

云云.

希由囬覆本府,[162] 以憑轉覆施行. 等因.

准此. 查照, 先該, 本年八月初六日, 據陪臣慶尙右道兵馬節度使金應瑞馳啟.

該哨探人金弼同告稱.

潛入金海地方, 訪得有賊將平行長 · 豊直茂 · 守[163]等, 領各起新舊倭兵, 要打宜寧路來, 清正領各起新舊倭兵, 要打慶州路 · 安骨 · 加德

162) '希由囬覆本府' 앞에는 양호의 지시에 따라 마귀가 조선국왕에게 요청한 문서 55의 후반부 내용인 '准此. 擬合行會. ~ 共圖萬全.' 부분이 생략됐다.

163) 나카노 시게모리(豊茂守)를 가리킨다. 각주 108)을 참조하기 바란다.

等處. 見駐新舊倭兵, 俱要順海進犯全羅地方, 日期的在八月初旬.

又聽得裝糧倭船, 要順洛東江, 行使於宜寧·晉州等處下卸. 等因.

又該本日, 據陪臣慶尙等道都體察使李元翼馳啟.

該原差軍官金元凱報稱.

據哨探人告說.

有各起賊船, 順洛東江, 張帆行使, 要向星州地方. 等因.

又該本月初九日, 據本官馳啟.

該慶尙右道兵馬節度使金應瑞飛報.

自本月初三日, 有一起倭賊, 不記其數, 自歧江前進. 有一起倭賊, 不記其數, 自固城縣春原浦, 歷泗川地方進過晉州南江, 焚掠村坊.

該慶尙右道防禦使郭再祐飛報.

本月初三日酉時, 有賊船一十三隻, 進到昌寧縣地方. 等因.

又該本月初十日, 據陪臣忠淸道兵馬節度使李時言馳啟.

該靑山縣監李弘發飛報.

本月初六日戌時, 有本國通事一名, 過縣說稱, 本月初五日, 有倭賊進入宜寧地方, 彌漫山野. 又於晉州·昆陽·河東等處, 彌漫行走. 等因.

又該本月十一日, 據陪臣慶尙等道都體察使李元翼馳啟.

該都巡察使權慄飛報.

有賊船七隻, 於草溪郡地方登岸, 焚掠. 又有賊船二隻, 已到玄風縣石門地方, 自甘文倉以下, 賊船相連, 不記其數. 等因.

又該本月十三日, 據本官馳啟.

該忠淸道防禦使朴名賢飛報.

本月初七日，有賊船不記其數，於密陽府城內，分二處下營，餘賊分搶村坊．各等因.[164)]

具啓．據此．爲照，所據慶尙左道慶州·密陽等處一帶道路，直向鳥·竹二嶺．賊船已到昌寧·玄風腹裏地方，離京城纔五六日或七八日程．右道宜寧·晉州等處一帶道路，直向小鳥·秋風二嶺．而賊鋒已到高靈·星州腹裏地方，離京城亦纔六七日程．直擣京城之患，朝夕難保．卽行令李元翼·權慄等，申飭各該領兵陪臣固守信地，以防順搶之路．去後，隨據各陪臣李元翼·權慄等馳啟.

該慶尙右道兵馬節度使金應瑞，防禦使郭再祐，別將韓明璉等，方與賊交鋒，各斬獲首級．等因.

據此．又該本月十四·十六等日，節據總兵麻伺候陪臣張雲翼啓稱.

該全州撥報，自本月十二日，有大勢倭賊，從全羅道求禮地方進入，將南原城子圍打二十里內，人馬不通．等因.

據此．卽行令陪臣本道兵馬節度使李福男·防禦使吳應台等，各領精銳官兵及京城調遣砲·殺等手，星夜赴援．去後，續該本月十九日，據本官啓稱.

該全州撥報，南原城子失守．有副總兵楊，帶手下官丁，從西門殺出．等因.

具啓．據此．行間，今該前因．竊照，慶尙一道，爲賊對壘之地．自本賊變動之後，有陪臣左道兵馬節度使成允文，一同防禦使高彦伯等，把截東路，右道兵馬節度使金應瑞，一同防禦使郭再祐等，把截西路．而陪臣慶尙等

164) '각각의 문서에서 보고한 내용이 이와 같습니다'라는 의미를 지닌 종결 어구의 투식이다. 각주 19)를 참조하기를 바란다.

道都體察使李元翼·都巡察使權慄, 分駐星州·高靈之間, 監督各兵以備順搶京城之賊. 方與交鋒進退, 而本賊又以大勢兵衆, 轉出全羅地方, 打破南原城子. 其不得進援者, 爲緣本道離南原道里寫遠, 兼又中間賊兵充斥, 聲聞不通. 而然似非陪臣遠避坐視之罪, 而副總兵楊, 以孤軍處危城, 矢盡力竭, 終不得保. 當職拊膺頓足, 不知所言. 爲此, 合行回咨, 請照驗轉報施行. 須至咨者.

右咨欽差備倭都督府.

萬曆二十五年八月 日.

발신: 조선국왕

사유: 위급한 왜정(倭情)에 관한 일입니다.

[조선국왕] 본년 8월 21일 전사(前事)[165]와 관련해서 흠차비왜총병관후군도독부도독동지 마(귀)의 자문을 받았습니다.

[마귀] 흠차경리조선군무도찰원우첨도어사 양(호)의 수본을 받았습니다.

[양호] 「운운」.

[마귀] 바라건대 (보내온 자문에 대해 문서로) 본부로 회답해 이를 근거로 전복(轉覆)할 수 있도록 해 주십시오.

[조선국왕] 이를 받고 조사해 보니 이보다 앞서 본년 8월 6일에 경상우도병마절도사 김응서의 치계(馳啓)를 받았습니다.

165) 본 문서의 사안인 '爲緊急倭情事'를 가리킨다.

[김응서] 초탐인 김필동이 보고했습니다.

[김필동] 김해 지역에 잠입했는데 찾아가 보니 적장 고니시 유키나가·나베시마 나오시게·나카노 시게모리는 (해당 인근의) 각지에서 출몰한 신구 왜병을 이끌고 의령으로 가는 길을 공격하고자 하고 가토 기요마사는 (해당 인근의) 각지에서 출몰한 신구 왜병을 이끌고 경주·안골·가덕도 등지를 공격하고자 합니다. 현재 주둔한 신구 왜병들이 모두 바다를 따라 진격해서 전라도 지역을 침범하고자 하며 일정은 8월 초순이라고 합니다. 또한 군량을 실은 왜적의 배가 낙동강을 타고 의령과 진주 등지로 가서 하역하고자 한다고 들었습니다.

[조선국왕] 또한 같은 날에는 경상등도도체찰사 이원익의 치계를 받았습니다.

[이원익] 원차군관(原差軍官) 김원개가 다음과 같이 보고했습니다.

[김원개] 초탐인이 보고했습니다.

[초탐인] 각지에서 출몰한 적선이 낙동강을 따라 돛을 크게 펼쳐 움직이는데 성주 지역으로 향하고자 합니다.

[조선국왕] 또한 본월 9일에 본관(이원익)의 치계를 받았습니다.

[이원익] 경상우도병마절도사 김응서의 비보(飛報)입니다.

[김응서] 본월 3일부터 그 수를 셀 수 없는 왜적의 한 부대가 기강(歧江)에서부터 전진했습니다. 그 수를 셀 수 없는 왜적의 또 다른 부대가 고성현 춘원포에서부터 사천 지역을 거쳐 진주 남강을 경유하면서 인근 지역을 불사르고 노략했습니다.

[이원익] 경상우도방어사 곽재우의 비보입니다.

[곽재우] 본월 3일 유시에 13척의 적선이 진입해 창녕현 지역에 이르렀습니다.

[조선국왕] 또 본월 10일에 충청도병마절도사 이시언의 치계를 받았습니다.

[이시언] 청산현감 이홍발의 비보입니다.

[이홍발] 본월 6일 술시에 본국[조선] 통사 한 명이 본현[청산]을 지나면서 "본월 5일에 왜적이 의령 지역으로 진입했는데 산야에 가득합니다. 진주·곤양·하동 등지에도 가득한데 행군하고 있습니다"라고 말했습니다.

[조선국왕] 또한 본월 11일에 배신 경상등도도체찰사 이원익의 치계를 받았습니다.

[이원익] 도순찰사 권율의 비보입니다.

[권율] 적선 7척이 초계군 지역 강기슭에 상륙해 불을 지르고 약탈했습니다. 또한 적선 2척이 이미 현풍군 석문 지역에 도착해 있는데 감문창(甘文倉) 이하로 적선이 끊임이 없어 그 수를 셀 수가 없습니다.

[조선국왕] 또한 본월 13일, 본관(이원익)의 치계를 받았습니다.

[이원익] 충청도방어사 박명현의 비보입니다.

[박명현] 본월 7일에 셀 수 없이 많은 적선이 밀양부 성내로부터 두 갈래로 나뉘어 진영을 구축했고 나머지 적군은 나뉘어 인근 지역을 약탈했습니다.

[조선국왕] 갖추어 온 장계를 받고서 생각해 보건대, 앞에서 언급한 경상좌도 경주와 밀양의 일대 도로는 조령과 죽령으로 바로 향합니다. 적선이 이미 창녕과 현풍 경내로 들어섰는데, 경성과는 불과 5~6일 혹은 7~8일 정도의 거리입니다. 경상우도 의령과 진주의 일대 도로는 소조령[166]과 추풍령으로 바로 향합니다. 적의 선봉이 이미 고령과 성주 경내로 들어섰는데, 경성과는 불과 6~7일 정도의 거리입니다. 경성으로 금방 들이닥칠 수 있을 만큼 위험하고 (이럴 경우) 조만간 지키기 어렵게 됩니다. 즉시 이원익과 권율로 하여금 병

166) 조령이 위치한 문경새재 서쪽에 위치한 소조령산 일대를 가리키며 충주와 괴산을 잇는 요지로 알려져 있다.

력을 거느린 배신들에게 담당 지역을 고수해서 적이 노략질하면서 올라오고 있는 길을 방어하도록 신칙했습니다. 그 후에 이어서 배신 이원익과 권율로부터 각각 치계를 받았습니다.

[이원익·권율] 경상우도병마절도사 김응서, 방어사 곽재우, 별장 한명련이 적과 교전해서 각각 수급을 참획했습니다.

[조선국왕] 이를 받고서 또한 본월 14일·16일에 여러 차례 총병 마귀의 사후 배신 장운익으로부터 다음과 같은 계문을 받았습니다.

[장운익] 전주의 파발마로부터 「본월 12일부터 대규모 왜적이 전라도 구례 지역을 따라 진입해 남원성을 20여 리에 걸쳐 포위했고 인마가 불통입니다.」라는 보고를 받았습니다.

[조선국왕] 이를 받고서 즉시 본도 병마절도사 이복남·방어사 오응태에게 명하여 각각 정예 관병과 경성에서 파견한 포수와 살수를 이끌고 조속히 달려가 구원하도록 했습니다. 그 후 이어서 본월 19일에 본관(장운익)으로부터 다음과 같은 계문을 받았습니다.

[장운익] 전주의 파말마로부터 「남원성이 함락되고 부총병 양원은 휘하의 관졸을 이끌고 서문을 따라 포위를 뚫고 탈출했습니다.」라는 보고를 받았습니다.

[조선국왕] 갖추어 온 장계를 받고서 시행하는 동안 이번의 자문을 받았습니다. 살펴보건대, 경상도는 적을 막는 보루의 땅입니다. 이 적이 변란을 일으킨 이래로 배신 경상좌도병마절도사 성윤문은 방어사 고언백 등과 함께 동로를 지키고 경상우도병마절도사 김응서는 방어사 곽재우 등과 함께 서로를 지키며 배신 경상등도도체찰사 이원익과 도순찰사 권율은 성주와 고령에서 나누어 주둔하면서 각 부대가 경성을 다시 공격하려는 왜적을 대비하는지 감독하고 있습니다. (각지에서) 교전하며 진퇴를 거듭하고 있는데 이 적이 또한 대

규모 병력을 동원해 전라도 지역으로 이동해 들어가 남원성을 공격했습니다. (조선군이) 달려가 구원하지 못한 이유는 본도[경상도]와 남원의 길이 아득히 멀기 때문이고 게다가 중간에 적병이 사방에 깔려 있으면서 공격한다는 소문을 퍼뜨려 (조선군이 남원으로) 접근하지 못하도록 했습니다. 따라서 배신들이 멀리서 도피해서 좌시한 잘못은 아니라고 할 것이고 부총병 양(원)은 고립된 병사들을 이끌고 위태로운 성에서 화살이 다하고 힘이 다하자 끝내 (성을) 보전하지 못한 것입니다. 당직은 가슴을 쓸어내리고 발을 구르며 어떤 말을 해야 할지 모르겠습니다. 이에 마땅히 회자하니 바라건대 살펴 전보(轉報)해 주시기 바랍니다. 자문이 잘 도착하기를 바랍니다.

이 자문을 흠차비왜도독부에 보냅니다.

만력 25년 8월 일.

57. 楊經理固守王京勿致搖動

70b-71a(286~287쪽)

欽差經理朝鮮軍務都察院右僉都御史楊,

爲 緊急倭情 事.

照得, 南原被困數日, 地方救兵不全, 衆寡不敵, 遂致失守. 倭患日滋良, 可深惜. 然漢城, 爲八道之本根, 國君乃萬姓所仰瞻, 必須鎭定不搖. 庶可驅除有日, 而非良士孰共圖. 維本院, 今査得副総兵李芳春, 謀略出衆, 驍勇絕倫, 相應陪隨, 與之朝夕, 以釋煩欝共晝安攘. 煩與委去副總兵李芳春, 將戰守事宜, 共相計議. 大兵目下集成, 必當使彼兇殘授首. 請勿過爲疑慮. 仍希復囬咨査考. 須至咨者.

右咨朝鮮國王.

萬曆二十五年八月二十一日.

발신: 흠차경리조선군무도찰원우첨도어사 양(호)

사유: 긴급한 왜정(倭情)에 관한 일입니다.

[양호] 살펴보건대, 남원성이 포위된 지 수일이 됐건만 인근 지역에서 (조선군) 구원병이 보전하지 못했기에 (명군이) 중과부적으로 싸웠지만 결국 함락되는 데 이르렀습니다. 왜적에 대한 근심이 날로 커지니 매우 아쉽습니다. 그러나 한성은 팔도의 근본이고 군주(國君)는 온 백성이 우러러보는 바이니 (국왕께서는) 모름지기 (백성을) 진정시켜 요동하지 말도록 하십시오. 아마도 적을 몰아내는 데 시간이 좀 걸리겠지만 뛰어난 장수가 아니라면 누구와 함께 도모하겠습니까. 지금 검토한 결과 부총병 이방춘이 출중한 지략과 뛰어난 용맹으로 마땅히 (국왕을) 모실 수 있을 것이니, 그와 함께 아침저녁으로 번민과 답답함을 푸시고 함께 천하를 안정시킬 계획을 도모하십시오. 번거롭더라고 위임받아 가는 부총병 이방춘과 함께 전수와 관련한 사안의 안배와 처리에 대해서 논의하십시오. 대병[명군]이 지금 모이고 있으니 반드시 저 흉악하고 잔인한 것들로 하여금 목을 내어 바치도록 만들 것입니다. 청컨대, 의심과 염려를 지나치게 하시지 마시기를 바랍니다. 덧붙여 바라건대 회자로 답신하셔서 조사하고 고려할 수 있도록 하십시오. 자문이 잘 도착하기를 바랍니다.

이 자문을 조선국왕에게 보냅니다.

만력 25년 8월 21일.

58. 回咨

71a-72a(287~289쪽)

朝鮮國王,

爲 緊急倭情 事.

本年八月二十四日, 准欽差經理朝鮮軍務都察院右僉都御史楊咨前事.

照得, 云云. 仍希復回咨査考. 等因.

准此. 當職爲照, 自南原被困之後, 當職, 座不貼席, 食不甘味. 督令陪臣本道兵馬節度使李福男·防禦使吳應台等, 帶同京城砲·殺等手, 極力赴援, 而賊衆彌亘於環南原數三十里之間, 委難透入. 惟李福男殺入本城, 而衆寡不敵, 雖楊副総苦戰累日, 卒之矢盡力竭, 遂致失守. 李福男及伺候陪臣鄭期遠, 幷本府府使任鉉, 判官李德恢等, 俱死. 勝敗兵家常事, 當職, 何敢以一城之不守, 過懷疑慮, 有自搖根本之理哉. 況總兵麻, 以重兵坐鎭都城, 其威不啻如虎豹在山, 當職董率臣僚, 以死随之, 可戰則戰, 可守則守. 但念, 都民大小人等, 積敗之餘, 有似傷弓之鳥, 皆懷駭散, 此則有難以刑戮驅之方. 宣布教書, 仍令漢城府陪臣廣加曉諭, 使之還集. 今蒙貴院深軫小邦事情, 調遣賢將官, 令與共畫安攘, 當職, 不勝感激. 除與朝夕相隨共相計議外, 擬合咨復. 爲此, 合行回咨, 請照驗施行. 須至咨者.
右咨欽差經理朝鮮軍務都察院.

萬曆二十五年八月二十七日.

발신: 조선국왕
사유: 긴급한 왜정(倭情)에 관한 일입니다.

[조선국왕] 본년 8월 24일 전사(前事)[167]와 관련해서 흠차경리조선군무도찰원우첨도어사 양(호)로부터 자문을 받았습니다.

[양호] 살펴보건대, 「운운」. 덧붙여 바라건대 회자로 답신하셔서 조사하고 고려할 수 있도록 하십시오.

[조선국왕] 이를 받고 당직이 생각해 보니 남원성이 포위된 이래로 당직은 앉아도 자리를 붙일 수 없고 음식을 먹어도 맛을 모를 지경이었습니다. 배신 본도(전라도) 병마절도사 이복남과 방어사 오응태로 하여금 경성의 포수와 살수를 함께 데리고 힘을 다해 내려가 구원하도록 했으나 수많은 적이 남원 주변으로 30리에 걸쳐 두루 뻗쳐 있어 실로 진입하기가 어려웠습니다. 그렇지만 이복남은 적진을 돌파해서 본성으로 진입했건만 중과부적이었고 양 부총병은 비록 수일간 고전했지만 끝내 화살이 떨어지고 힘이 다해 마침내 함락된 것입니다. 이복남과 사후배신 정기원, 본부부사 임현, 본부판관 이덕회가 모두 전사했습니다. 승패는 병가지상사(兵家之常事)이니 당직이 어찌 감히 한 성

167) 본 문서의 사안인 '爲緊急倭情事'를 가리킨다.

을 지키지 못했다고 해서 지나치게 의심과 염려를 품어 스스로 근본을 흔들리게 할 리가 있겠습니까? 더구나 마 총병이 중병(重兵)을 거느리고 도성에 주재하며 지키고 있는데, 그 위세가 마치 호랑이와 표범이 산에 웅거하는 기세인지라 당직이 신료를 이끌고 죽음으로서 그를 따라서 싸울 수 있으면 싸우고 지킬 수 있으면 지킬 것입니다. 다만, 생각건대, 도성의 백성들, 귀천을 막론하고 모두가 거듭 패배한 나머지 아마도 상궁지오(傷弓之鳥)[168]의 근심을 갖고서 모두 달아날 마음을 품고 있으니 이런 상황에서 형벌로 죽이고 몰아붙이는 방법을 쓰기에는 어려움이 있었습니다. 교서를 선포하고 덧붙여 한성부 배신으로 하여금 더욱 널리 효유해서 그들을 돌아오도록 했습니다. 이제 귀원[양호]이 소방의 상황을 깊이 염려해서 현명한 장관을 보내어 함께 천하를 안정시킬 계획을 도모할 수 있도록 하니 당직은 크게 감격하고 있습니다. 아침저녁으로 (부총병 이방춘과) 함께 하며 같이 계획을 상의하는 것 외에, 헤아려 보건대 마땅히 자문으로 회답해야 하겠습니다. 이에 마땅히 회자하니 청컨대 살펴 주십시오. 자문이 잘 도착하기를 바랍니다.

이 자문을 흠차경리조선군무도찰원에 보냅니다.

만력 25년 8월 27일.

---

168) '활에 상처를 입은 새는 나뭇가지가 굽은 것만 보아도 놀란다.'는 뜻으로 남원성 함락 후 일본군의 공세를 염려하는 인심을 빗대어 한 표현이다.

59. 本國固守要害鎭定人心
72a-73b(289~292쪽)

朝鮮國王,

爲 鎭定地方人心 事.

據陪臣忠淸觀察使丁允祐馳啟.

自南原失守之後, 道內人心, 十分驚擾, 俱奔竄山谷, 州縣官員, 亦有幷避者. 公州迤南, 尼山·連山·恩津等縣, 俱無人影, 所有倉穀, 皆將餌賊. 臣另差軍官·人等, 遠行哨探, 則賊之大衆時無進薄本道之形. 但有打細之賊出沒, 全羅道礪山郡及全州管內參禮驛等處, 時行焚掠而已. 天朝將官遊擊陳, 初保公州錦江北岸, 挪移本州倉糧, 今退天安郡, 與追下遊擊牛·頗·中軍張, 同住一處. 臣廣加號, 令叫回避出守令幷官·民人等, 各還信地, 爲供給天兵協力堵截之計, 其一向退避者, 將行梟市. 但念本國軍兵, 原來脆弱, 自經倭寇酷受屠戮之禍, 恇怯益深, 自南原失守之後, 公州迤南變爲虛邑, 各站官糧棄置不收, 委爲痛恨. 懇乞備將前因, 移咨經理·都督等衙門, 申飭各營還守, 迤南廣設伏兵, 一以屠截賊路, 一以鎭定人心, 允爲便益. 等因.

具啓. 據此. 爲照, 南原·全州爲小邦南路關防, 二府旣不得守, 則唯公州有糧可守, 而本州在錦江之南, 有背水之勢, 亦無城子, 有難據守. 天將之退守江北, 實左次無咎之義. 但念, 公州迤南, 已成空虛, 各站糧穀, 實爲可惜. 天安·稷山兩處之糧, 亦不足供給官兵, 延至多日. 若退此一步, 則其勢當直擣京畿, 忠淸一道, 則應爲不可守之地. 煩乞貴院·貴府, 申飭各營還守前面要路, 或盛堅柵壘, 或廣設伏兵, 使賊不敢肆爲闌入, 則潰散人民, 有恃而還集, 各站官糧, 不歸於齎盜, 不勝幸甚. 擬合咨稟. 爲此, 合行移咨, 請照驗施行. 須至咨者.

右咨欽差經理朝鮮軍務都察院·欽差備倭都督府.

萬曆二十五年八月二十九日.

발신: 조선국왕

사유: 지역의 인심을 진정시키는 일입니다.

[조선국왕] 배신 충청도관찰사 정윤우의 치계를 받았습니다.

[정윤우] 남원성 함락 이후, 도내[충청도] 인심이 완전히 동요해 산과 계곡으로 달아나 숨었고 주현의 관원들도 역시 도피해 버린 경우가 있습니다. 공주 이남의 이산현·연산현·은진현의 경우 모두 사람의 그림자를 찾아볼 수 없고 소유한 창고의 곡식도 장차 적에게 넘어갈 형세입니다. 신이 특별히 군관과 사람을 파견해서 멀리 정탐하도록 해 보니 적이 대규모로 본도까지 다가오는 정황은 아직까지 없습니다. 다만, 정탐하는 적들이 출몰해서 전라도 여산군과 전주 관내의 삼례역 등처에 때때로 나타나 불을 지르고

노략할 뿐입니다. 천조의 장관 유격 진우충이 처음에 공주의 금강 북쪽 연안을 확보하면서 본주(공주) 창고의 양곡을 지원받다가 지금은 천안군으로 후퇴해 함께 뒤로 물러간 유격 우(백영)·유격 파(귀)·중군 장(유성)과 한 곳에 주둔하고 있습니다. 신이 널리 호령하여 도망해 피신한 수령과 관민들로 하여금 각자의 담당 구역으로 되돌아가 천병에게 식량을 공급하며 함께 적을 막아 차단할 계획을 세우도록 하면서 계속 도피하는 자들은 앞으로 효시할 것이라고 했습니다. 다만, 생각해 보면, 본국의 군병은 원래 위약한데 왜구로부터 죽임을 당하는 참화를 혹독하게 겪으면서 적을 두려워함이 더욱 심해졌고 남원성이 함락된 이후로 공주 이남은 빈 고을들로 변해 각 역참의 군량이 내버려져도 거두지 않아 실로 원통합니다. 간절히 바라건대, 위의 문서 내용과 관련해 갖추어 (양)경리와 도독아문에 이자해서 각 영이 다시 복귀해 수비하고 (공주) 남쪽 지역에 널리 복병을 설치해 한편으로는 적로를 차단하고 한편으로는 인심을 진정시키도록 신칙하는 것이 실로 좋겠습니다.

[조선국왕] 갖추어 온 장계를 받고 생각해 보건대, 남원과 전주는 소방 남로의 핵심 방어지(關防)이나 두 부(府)를 이미 지킬 수 없게 된 이상 군량이 있는 공주를 지켜야 하는데 본주[공주]가 금강 남쪽에 있어 강을 등지는 위치에 있고 또한 성자가 없어 머물며 방어하기가 어렵습니다. 명나라 장수들이 강북으로 후퇴해서 지키는 것은 실로 '퇴각해서 머무는 것에 허물이 없다'는 뜻입니다.[169] 다만 생각해 보건대, 공주 이남은 벌써 텅 빈 지역으로 변해 각 참(站)의 군량이 실로 아깝습니다. 천안과 괴산의 군량은 관병(명군)에게 공급

169) 원문의 '左次'는 전투 중 높은 지형에 주둔하며 무모한 공격으로 인한 패배를 피하는 신중한 전략으로서 후퇴 작전이라는 이유만으로 비난할 수 없음을 강조할 때 쓰이는 표현이다. 『周易』 第7卦 「師卦」(地水師) 六四 師左次無咎.

하기에 부족한지 연이어 며칠이 됐습니다. 만약 여기서 (명군이) 일보 더 후퇴한다면 적의 기세는 곧바로 경기 지역으로 닥칠 것이라 충청도는 지키지 못할 땅이 될 것입니다. 번거롭더라도 귀원[양호]과 귀부[마귀]는 각 영에 신칙해서 복귀해 전방의 주요 도로를 지키되 보루와 책문을 더욱 견고히 하거나 널리 복병을 설치해 적들이 감히 방자하게 난입하지 못하도록 한다면 흩어져 도망간 백성들은 믿을 바가 있어 돌아와 모일 것이고 각 참의 관곡은 도적질 당하지 않게 될 것이라 더없이 다행이겠습니다. 헤아려 보건대 마땅히 자문으로 알려야 하겠습니다. 이에 마땅히 자문을 보내니 청컨대 살펴 주십시오. 자문이 잘 도착하기를 바랍니다.

이 자문을 흠차경리조선군무도찰원과 흠차비왜도독부에 보냅니다.

만력 25년 8월 29일.

60. 本國查報楊捻兵守城殺賊始末

73b-75b(292~296쪽)

朝鮮國王,

爲 查報南原城守始末 事.

查照, 先該, 本年七月, 日期不等, 節據統領遼兵副總兵楊伺候陪臣鄭期遠狀啓.

有本府說稱, 南原係是全羅陸路要害, 而離賊營不遠. 賊若衝犯全羅, 本城必先受兵. 仍督令中軍把捻等官李新芳·楊得功·王汝昌等, 修築城子, 加設土墻, 深穿壕塹, 至於兩夜不休. 又採打馬草, 曬晾堆積, 催趲糧餉, 搬入城裡, 爲萬死必守之計. 等因.

據此. 隨該八月十三·十四等日, 節據全州駐箚遊擊將軍陳伺候陪臣李洽狀啓.

聽得, 本月十二日辰時, 有各起大勢倭賊, 擁出南原山谷, 將本城圍住, 仍於四面環設木柵, 以防突出. 又用雲梯·飛樓等, 具百計攻打銃砲, 烟氣終日蔽天, 二十里內人馬不通. 等因.

又該本月十八日, 據本官狀啓.

聽得，南原官軍矢盡力竭，本月十六一更時分，被賊打破城門，有副捴兵楊帶同官丁二百餘名，從西門殺出．等因．

又該本月二十五日，據総兵官廝伺候陪臣張雲翼啓稱．

有副總兵楊跟随通事朴義成，自南原跳出前來，說稱．

有副總兵楊，督勵官軍與賊血戰，凡五晝夜殺死倭賊甚多．至於城陷時分，猶帶率餘衆奮死射砍，仍透重圍去了．

又說稱．

本道兵馬節度使李福男，於本月十一日，領兵進城協守，城陷時分，與副総兵伺候陪臣鄭期遠，別將申浩，本府府使任鉉，判官李德恢，求禮縣監李原春等，俱被賊兵殺死．等因．

據此．爲照，全羅一道，久爲倭賊流涎必爭之地，而南原正當其咽喉．副總兵楊，以三千孤兵，往守本府，儼然有保障之勢．本府原有城子低窪，亦無壕塹可恃．副総兵董役官兵，繕城浚壕，并築牛馬長墻，日夜不休，一旬之內，關防之壯，頗異前觀．及賊攻圍五六晝夜之間，登陴督戰，前後所殺傷甚多．雖衆寡不敵，終至敗績，身被數創，猶且奮呼躍馬，潰圍突出，雖古之飛將，不是過也．賊雖悉力鏖戰，得陷一城，而至今不卽闌入忠清地方者，未必非副總兵餘威有以慴之也．所據城守始末，理合備查咨報．爲此，合行移咨，請照驗施行．須至咨者．

右咨欽差總督經略軍門·欽差經理朝鮮軍務都察院·欽差巡撫遼東都察院·欽差巡按遼東都察院．

萬曆二十五年九月初四日．

발신: 조선국왕

사유: 남원성 방어의 시말(始末)을 조사해 보고하는 일입니다.

[조선국왕] 조사해 보건대, 이보다 앞서 본년 7월 날짜를 다르나 통령요병부 총병 양(원)의 사후배신 정기원으로부터 여러 차례 장계를 받았습니다.

[장기원] 본부[170]가 "남원은 전라도 육로 중 요해처이지만 적의 군영과 멀지 않다. 적이 만약 전라도로 돌격해 침범하면 본성[남원성]은 반드시 먼저 공격당할 것이다."라고 말했습니다. 덧붙여 중군과 파총인 이신방[171]·양득공[172]·왕여창으로 하여금 성자를 수축하고 토벽을 증설하며 보루와 참호를 깊이 파게 했는데, 이틀 밤을 쉬지 않기까지 했습니다. 그리고 마초를 모아 말리고 높이 쌓았으며 군량 운반을 독촉해 성안으로 들어오도록 해서 '죽더라도 반드시 성을 지킨다'는 계획을 세우고 있습니다.

[조선국왕] 이를 받고서 곧이어 8월 13일과 14일 전주에 주둔한 유격장군 진(우충)의 사후배신 이흡으로부터 여러 차례 장계를 받았습니다.

[이흡] "본월 12일 진시에 각지에서 출몰한 대규모의 적군이 남원의 산과 계곡을 끼고 나와서 본성(남원성)을 포위하고 덧붙여 사면을 둘러 목책을 설치함으로써 (성안으로부터의) 돌격을 방어했다. 또한 운제와 비루를 이용하여 온갖 방법으로 총포를 발사해 공격하니 하루 종일 연기가 하늘을 뒤덮었고 이십 리 내에 인마가 불통하게 됐다."라고 들었습니다.

[조선국왕] 또한 본월 18일에 본관[이흡]으로부터 장계를 받았습니다.

[이흡] "남원의 관군이 화살을 다하고 힘을 다하자 본월 16일 일경(一更)

---

170) 양원을 가리킨다.

171) 이신방은 남원성 전투에서 전사했다. 『宣祖修正實錄』 卷31, 宣祖 30年 9月 己丑(1日).

172) 양득공은 유정 휘하의 군관이다. 『宣祖實錄』 卷28, 宣祖 25年 7月 丁丑(20日).

에 적군이 성문을 파괴했고 부총병 양(원)은 휘하의 관졸 이백여 명을 거느리고 서문으로부터 돌파하며 탈출했다."라고 들었습니다.

[조선국왕] 또한 본월 25일 총병관 마(귀)의 사후배신 장운익의 장계를 받았습니다.

[장운익] 부총병 양(원)을 호종하는 통사 박의성이 남원으로부터 빠져나와서 말했습니다.

[박의성] 부총병 양(원)이 관군을 독려하며 적과 혈전을 벌여 5일간 주야로 죽인 왜적의 수가 매우 많았습니다. 성이 함락될 때에 이르러서도 남은 무리를 이끌고서 필사적으로 쏘고 베다가 마침내 겹겹의 포위를 뚫고 나왔습니다.

[장운익] 또한 말했습니다.

[박의성] 본도 병마절도사 이복남은 본월 11일 이르러 병사를 이끌고 성으로 진격해 (명군과) 협력해 방어하다가 성이 함락될 때에 부총병의 사후배신 정기원, 별장 신호, 본부 부사 임현, 판관 이덕회, 구례현감 이원춘과 함께 모두 적병에 의해 죽임을 당했습니다.

[조선국왕] 이를 받고 살펴보건대, 전라도는 오랫동안 왜적이 침을 흘리며 기필코 쟁취하려는 땅이고 남원은 바로 그 인후에 해당합니다. 부총병 양(원)은 3천의 외로운 군사로 본부[남원]에 와서 지키며 엄연히 보장(保障)의 기세를 보였습니다. 본부에는 원래 성자의 웅덩이가 있기는 했지만, 믿을 만한 참호가 없었습니다. 부총병이 관병(명군)을 독려하여 성을 고치고 참호를 만들고 또한 우마를 위한 긴 담장을 만들되 밤낮으로 쉬지 않았는데, 10여 일 만에 관방(關防)의 웅장함이 자못 이전의 모습과 달랐습니다. 적이 5~6일 밤낮으로 포위해 공격함에 이르러서는 성가퀴에 올라 독전해서 앞뒤로 살상한 적이 매우 많았습니다. 비록 중과부적으로 끝내 패하여 몸이 여러 군데 상처를 입었

음에도 오히려 크게 외치며 말에 올라 포위망을 무너뜨리고 돌격해 탈출했으니 비록 옛날의 훌륭한 장수라도 이보다 낫지 못했습니다. 적이 비록 힘을 다해 격전을 벌여 성 하나를 함락시켰지만, 지금까지 충청도 지방으로 곧장 난입하지 못하는 까닭은 부총병의 남아있는 위세가 (적들을) 두렵게 한 때문이 아니라고 단정할 수 없겠습니다. 앞서 언급한 성을 지킨 시말(始末)을 마땅히 참조할 수 있도록 자문으로 보고해야 하겠습니다. 이에 마땅히 자문을 보내니 청컨대 살펴 주십시오. 자문이 잘 도착하기를 바랍니다.

이 자문을 흠차총독경략군문·흠차경리조선군무도찰원·흠차순무요동도찰원·흠차순안요동도찰원에 보냅니다.

만력 25년 9월 4일.

동북아역사 자료총서 53
편역 事大文軌 7

초판 1쇄 발행 2025년 11월 5일

옮긴이 이정일 · 김한신 · 김경태 · 장정수
펴낸이 박지향
펴낸곳 동북아역사재단

등 록 제 312-2004-050호(2004년 10월 18일)
주 소 서울시 서대문구 통일로 81 NH농협생명빌딩
전 화 02-2012-6065
홈페이지 www.nahf.or.kr
제작·인쇄 청아출판사

ISBN 978-89-6187-522-6 (세트)
979-11-7161-241-3 (94910)